守河者

杨芳 著

陕西新华出版传媒集团
太白文艺出版社·西安

图书在版编目（CIP）数据

守河者 / 杨芳著. -- 西安 : 太白文艺出版社,
2022.2
ISBN 978-7-5513-2055-9

Ⅰ. ①守… Ⅱ. ①杨… Ⅲ. ①散文集－中国－当代
Ⅳ. ①I267

中国版本图书馆CIP数据核字(2022)第003471号

守河者
SHOU HE ZHE

作　　者　杨　芳
责任编辑　黄　洁
封面设计　朱君楠
版式设计　元诗歌文化
出版发行　陕西新华出版传媒集团
　　　　　太白文艺出版社
经　　销　新华书店
印　　刷　山东黄氏印务有限公司
开　　本　880mm × 1230mm　1/32
字　　数　195千字
印　　张　6.875
版　　次　2022年2月第1版
印　　次　2022年2月第1次印刷
书　　号　ISBN 978-7-5513-2055-9
定　　价　42.00元

联系电话：029-81206800
出版社地址：西安市曲江新区登高路1388号（邮编：710061）
营销中心电话：029-87277748　029-87217872

目　录

第一辑　守河者

第二辑　西江怀古

第三辑 西江故事

第四辑 河边的事物

第五辑 生命的河流

第一辑　守河者

守河者

赤土村的春天，安静而潮湿。连日来雨水冲洗，龙眼树树身透黑，叶子发亮。新长的叶芽，经过一冬的酝酿，伸展出了耀眼的绿，似乎在告诉人们，春天来了。

渔民父子守河者

位于G321国道旁的广东省德庆县新圩镇赤土村，是一个古老的小渔村。翠竹绿树掩映之下的赤土村并不起眼，频密的车流每日从村旁经过，没人会注意到它，更不会有人停下来打量它。

走进村子，在一幢幢依西江岸而建的或新或旧的楼房里，人们或含饴弄孙，或打理家务，或走家串户。这是西江沿岸渔民的日常，也是赤土村在进入第9个禁渔期后人们的生活场景。与很多德庆县村庄不同的是，这里的渔家多在门楣上悬挂木质或玻璃的“八卦”图案。临江的滩涂上，肥壮的走地鸡嬉戏觅食着，怡然自得。

赤土村93-2号，是渔民徐桂泉的家，过年张贴的对联“厨房美味香茶饭；丰衣足食满人间”还鲜艳夺目。这个生活气息浓郁的家庭，让人意想不到的是，一名重要的家庭成员离世不久。今年3月初，徐家的老二徐炳泉在卧床数月后离世。去年，连续几年被聘为广东省渔政总队社会督察员的徐炳泉，基于多年建起的人工鱼巢项目，获得了32000元的奖励。过去的30年里，对徐炳泉来说，筑鱼巢是他乐意为之的义务劳动。悲伤的气息仍弥漫在徐氏家庭，身板硬朗、脸色黝黑的老幺徐桂泉已经从哥哥手上接过担子，担负起这项重要的任务了。

数百年来，这里的人们以“耕江”为生，西江便成了他们赖以生存的“粮仓”。一直以来，他们都以传统生产方式捕捞水产来维持生计，日子过得踏实，从来不担心“耕江”无获。

赤土村边的西江，一直是鲫鱼和鲤鱼的产卵场。这一带的江面水流平缓，河床不深，很适宜鱼类繁衍生息。鲫鱼和鲤鱼都有一种特性，那就是必须黏附在水草叶子等附着物上产卵。西江中的鲤鱼、鲫鱼等是杂食鱼类，能食用排入西江的污水中的垃圾，净化西江水质，所以被称为“西江清道夫”。

徐桂泉的船就停泊在从他家就可以望见的江面上，“粤德渔84152”的编号清晰可见，这是他从事捕鱼工作以来所用的第二条船。不远处的岸上，徐桂泉头发花白的哥哥徐水泉正在清洁自己的渔船。和徐水泉一样，渔民们都趁着休渔期休整，或清洁渔船、晒船、修补渔船，或清点虾笼、整理渔具……这是他们循环往复的生活方式。

看着哥哥将浑浊的水一勺一勺地从船里舀出来，徐桂泉抽起了香烟。已经在窄小的渔船上守了一夜的徐桂泉并没有显示出过多的疲态，也许是清新的江风使然，也许是香烟提神，也许疍家人世代的辛劳让他早已习惯了这一切。

在二哥徐炳泉身体状况欠佳的一年里，徐桂泉已经从二哥的帮手转变为主持担负编织鱼巢、守护鱼巢的重任之人。编织、守护鱼巢不是一项简单轻松的工作，更不是短时的活儿。从年前开始着手到现在，徐桂泉已经在江边守了近三个月，进入西江禁渔期，他的工作更加紧张和忙碌了。在守护人工鱼巢的几个月里，他都是一个人在船上度过，白天看船只往来穿梭，晚上寂寞无聊时就数星星，到了下半夜，疲惫的他才“枕着”波涛，在那狭窄得只能容下一人的船篷里入睡。用徐桂泉的话来说，这几个月过的是“光棍式的生活”。

在南方地区，一般 3 月中旬以后，水温上升到 17℃左右时，鲫鱼开始产卵，水温升至 20℃～24℃时，鲫鱼繁殖活动最盛。而鲤鱼产卵季则随地区而异，3～8 月均可产卵，4～6 月为盛产期。

近年来，由于西江两岸河砂开采、航道疏通，水草遭到一定程度的破坏，适宜鱼类繁殖的环境逐渐减少。没有了“爱巢”和“产床”，鱼儿便难以“传宗接代”，导致鱼类资源日益减少，影响水体生态，因而更需要人工筑巢为鱼类提供繁殖场所。为此，德庆县渔政部门人员在鱼类繁殖期，即禁渔期，采取巡逻守候等措施打击非法捕捞行为，以期增加鱼类繁殖率、成活率。

徐桂泉的渔船附近，有长达一公里的鱼巢漂浮在江面上，岸上悬挂的红色横幅上，“德庆人工鱼巢”几个字分外显眼。这是徐桂泉用自己年前从附近山上砍下的细长竹条均匀排整成宽约1米，又以竹篾成行连排束绑好的生态鱼巢。为防止江水将鱼巢冲走，徐桂泉在岸上立了稳固的木桩，再用绳子将鱼巢连起来。这些看似不起眼的人工鱼巢，其实一点也不好弄。在雨水节气来临前，徐桂泉便要请人和他一起去砍芦苇竹，并运回家。鱼巢编扎好后，徐桂泉和家人一起用渔船运到两公里外的江湾投放。5个熟手需花费3天时间方可完成两排鱼巢的投放，而今年徐桂泉弄了整整3排的鱼巢，长达1公里，整个区域达5000平方米。

虽说“珠江源于三江”，但事实上西江却以2214公里的长度、最多的支流和最大的水量，构成珠江水系的绝对主体和躯干。西江流域广东省段及珠江河口地区是广东省的经济、文化和政治中心，主要包括广州、佛山、深圳、东莞、中山、珠海、江门等城市，经济总量占广东省的80%以上。西江沿线城市众多，而肇庆或是其中与西江最为亲密的城市。来到广东之前，西江已经在滇黔桂接纳无数支流，在不同的河段，西江的名字也各不相同，南盘江、红水河、黔江、浔江……自云南省曲靖市沾益区马雄山发源，一路穿州过省，奔流至海。进入广西梧州后，西江才真正叫“西江”。这是入海前的最后一段，也是最大气磅礴的一段。

被山封闭的肇庆，因为西江，自古便拥有进出的大通道，也因为西江，两岸的平地被润泽成沃土。西江是沿线城市的饮水之源、母亲之河、进出之通道，而肇庆的大地则深受西江的恩泽。千古以来，肇庆人民依托西江这条黄金水道，世世代代繁衍生息。

生活在肇庆这片土地上的广府人喜欢吃，这是世人皆知的，但“什么都吃”这样的标签实在是对广府饮食的偏见。广府美食的基本要义是对原汁原味的执着，具体到西江边的肇庆人，则突出表现为对生猛河鲜的偏爱。

西江肇庆段中，流经德庆的河段有83公里，是西江经肇庆的流经范围内最长的一段。这一河段，河道总体平顺，视野开阔，风物宜人，景色壮美，最适宜鱼群生长。

刚过50岁的徐桂泉长期在船上风吹日晒，长相黑瘦，看起来要比实际年龄老一些。作为徐家的第二代渔民，他从小跟随父亲到西江打鱼，练就了一身好本领和好水性。如今，徐桂泉和他的妻子吴金焕日夜守在西江边，风里来雨里去，践行着两代人同样的使命，那就是甘当西江鱼儿生儿育女的“守护神”，默默为西江渔业资源的可持续发展贡献力量。

时间回溯到20世纪70年代后期。当时德庆县为了使西江的渔业资源得到更好地发展，决定在鱼类繁殖期，于新圩镇赤土村的西江边筑起人工鱼巢。1976年，德庆水产部门找到该村的渔民徐锐森（又名玉熙，徐桂泉的父亲），希望他能挑起这个担子。其时，徐锐森每天能捕100多斤鱼，但为响应政府增殖西江水产资源的号召，以及为了捕获到更多的鱼，他二话没说，就接过了这个任务，成为为西江鱼类筑巢的第一人。20世纪80年代初，儿子徐炳泉中学毕业后，也跟着他一边打鱼一边帮忙编织鱼巢，用心守护当地渔业资源。父子两代、夫妻、弟兄，默默地充当着西江人工鱼巢的守护人，这是两代守河者40年来守护西江的故事。

当徐锐森年事已高，年复一年守护人工鱼巢的重任就落在了徐炳泉身上。1988年，徐炳泉与邻村的黄章连结婚。自那年开始，徐炳泉夫妇就成了父亲的好帮手。直到2008年，由徐炳泉接手管理。30年来，徐炳泉夫妇为西江鱼类产卵筑巢从未间断过。编织鱼巢，守护西江，作为坚定的守河者，徐氏父子两代人从未动摇，尽管这是义务工作，是给自己已经劳累的捕鱼生活增加的额外工作，但是，自己每天向西江索要那么多，西江无私地养育了自己，自己为它做点事也是应该的。“做这事情，既是为了自己，也是为了大家，天下渔民一家亲。”对他们来说，西江水产资源增殖，渔民可获丰收，就是他们坚守的意义所在。

2013 年，徐锐森去世，徐炳泉夫妇与大哥徐水泉一起担起了这个担子。徐锐森的四个儿子都是渔民。其中，徐炳泉是主要成员，负责协调所有的工作，他们分工合作，砍竹子、织巢、放巢、值班、守夜。徐锐森虽然已经去世，但他传授给几个儿子的经验却传承了下来，这是西江渔民的代际传承，也是西江渔业资源得以代代不竭的原因。

滚滚西江，奔流不息，福泽千里，滋润万物。几十年来，每到春天，路过赤土村河段的人都会看到，连片成排漂浮在江面上的人工鱼巢随着江涛有节奏地晃动着。不了解的人乍一看，会以为这是顺水漂流到此的垃圾。确实，看上去很像，因为竹排上挂着不少矿泉水瓶、塑料袋等，需要不时清理。可是，前后有蓝色水桶标示，又在提醒人们，这不是简单的竹排。而岸边拉挂的“肇庆市德庆人工鱼巢禁区上下 500 米江段，禁止捕捞作业”的横幅，更指明了这是一处重要的人工作业。然而，尽管横额标识很醒目，但徐氏父子所做的努力仍然会有遭遇不测的时候。他们不会忘记，2009 年，由于一时疏忽，人工鱼巢遭到了偷捕者的破坏。虽然当时人工鱼巢建起刚半个多月，但一经破坏，意味着整个项目都失去成效。

守护鱼巢的工作是枯燥艰辛的。在那几个月里，不论刮风下雨还是烈日当空，徐桂泉每天都要驻守在离村两公里的江面上。白天，他要划着小船不间断地查看鱼的产卵情况和鱼卵的孵化情况，清除鱼巢的垃圾和其他漂浮物；晚上还要加强巡查，以防不法分子偷捕……对于徐桂泉来说，去年才从二哥徐炳泉手中接过担子，他需要适应，但仍然马虎不得，因为他谨记父亲临终前所说的话，要把守护鱼巢的工作继续下去，这事情既是为了自己，也是为了大家。

每年 3 月份开始，气温回升，是鱼类“生儿育女”的季节。

每到晚上，就会有数百尾鲤鱼、鲫鱼等汇聚于赤土村边的西江河段。江水温暖、平缓、清澈，它们在这天然的大温床中追逐、嬉戏，摇晃着尾巴悠闲地游逛、觅食，寻找“爱侣”。它们“恋爱结婚”后，便产下精子和卵子，结合成受精卵后附着在鱼巢上，开始孵化。那些芦苇竹里黏附着密密麻麻的鱼卵，肉眼就能看见，且能看到鱼儿跳来跳去，鱼卵一般在五天左右就能孵化出活泼可爱的小鱼苗。

记录人工鱼巢上的变化以及周边的环境情况，也是徐桂泉的工作。他有一份“人工鱼巢记录表”，清楚记录着每次鱼儿产卵的时间、温度、地点、风向等。对生于斯长于斯的徐桂泉来说，环境、水文情况是作为职业渔民必须懂得的，记录下来则是为了更好地总结鱼儿产卵的特点。但今年的情况与以往有些不一样，汛期提前了一个月，水位上涨很快，徐桂泉担心自己筑的鱼巢会受到汛期的影响……

渔政大队守河者

戴着偏光眼镜，穿一身坚挺的蓝黑渔政制服，面色黝黑的德庆渔政大队队长刘水清站立于西江边，面对滔滔江水，陷入了沉思。不远处的水面上，鱼儿跃水的声响清晰可闻。从他进入德庆渔政大队工作以来，与他打交道的都是徐炳泉，未曾想到的是，健壮朴实的徐炳泉竟那么快就驾鹤西去。接手的徐家老幺能做好这份工作吗？做人工鱼巢是可行，就地取材，但毕竟不是长久之计，赤土村边的西江底下就有水草，只是由于 20 世纪 90 年代修建沿江公路，岸边的水草都被破坏了，可以培育一批新的水草来代替人工鱼巢吗？对于渔业科学技术研究，推广先进技术，提高渔业科学技术水平，国家从来都是鼓励的。进入禁渔期，刘水清和其他四名同事比平时更忙碌了。从德庆回龙镇绿水村与邻县封开县交界的河段起始，一直沿西江蜿蜒东去，到德庆悦城镇与高要区交界处，是刘水清的工作范围。今年 40 岁的他已经在西江上梭巡了 15 个年头。

三条艇、五个人，看起来配置十分“简陋”的德庆渔政大队，却守护着德庆范围内长达 83 公里的西江河段。在 2016 年前，德庆渔政大队队员的平均年龄超过 50 岁，现在，队伍中最年长的队员已在岗近 30 年，最年轻的队员也有 3 年的工作经验。多年来，德庆渔政大队除完成各项工作任务外，也以实际行动保护着西江流域水生态环境，维护着西江渔业资源生态平衡，确保渔业资源可持续发展。禁渔期开始后，德庆渔政大队的 5 名队员全部上岗，日夜巡航，每次至少 20 公里，更不定时出击，确保禁渔有序。

此外，德庆渔政大队还积极更新设备，加强专业技能，发展“线人”“渔民督察员”等，切实保护西江渔业资源，并不断加大宣传力度，进一步提高广大群众渔业法律意识和保护渔业生态环境的观念，营造良好的全民参与禁渔护渔的社会氛围。

驾驶着马力达 230 匹的快艇驰骋在碧波之上，是刘水清的工作常态。德庆渔政大队的快艇，每航行 1 公里，消耗汽油 10 元钱。作为德庆的烧油大户，他们的用油量可以直接反映出他们的工作强度。进入禁渔期，刘水清们更是加紧了巡航，每天至少出巡 1 次。筑在赤土村外的人工鱼巢，是刘水清经常来看的。进入为期 4 个月的禁渔期，渔民们不能打鱼，他们的生计情况如何，这是德庆渔政部门要关心的，而做好政策宣传，安抚，引导，更是他们的职责所在。在刘水清看来，徐氏父子为西江鱼儿守护 40 年，两代人的辛勤付出值得学习，人工鱼巢对西江渔业资源增殖的重要性不可否认。

刘水清想起，40 年前，徐锐森建起人工鱼巢，不仅是为增殖西江流域的水产资源，还是为了增加水产资源的获取量。近几年，由于西江两岸相继开通了沿江公路，两岸的植被及水草遭到一定程度的破坏，加上河砂开采、航道疏通等江河水工作业的进一步破坏，西江适合附草粘卵性鱼类的产卵场已减少，附草粘卵性鱼类资源持续衰竭，而建起人工鱼巢，可增加、丰富西江流域的水产资源。人工鱼巢的重要性是可以用经济价值去衡量的。刘水清算过这样一笔账，建起人工鱼巢，每年可孵化的鱼苗多达 4 亿尾，以鲤鱼的市场价每斤 4 元来计算，可为西江渔业资源增加 6000 万元的产值。

夜幕降临，西江两岸的万家灯火渐次亮起来，映衬得江面越发暗了，可刘水清驾驶的渔政执法快艇却没有亮灯。对于刘水清和他的伙伴来说，入夜才是他们工作的紧张时刻。为了不让狡猾的偷捕偷捞分子察觉，夜间不开灯行驶，已经成为德庆渔政人如刘水清这些“水上差佬”的习惯。可是，在漆黑的江面上冒黑驰航，具有一定的危险性，但为了工作，他们也只能如此。这里的 83 公里河段，红船红灯的浮标代表着从浮标位置到岸边水域有礁石，极度危险，严禁驶入该水域；白船绿灯的浮标代表着从浮标位置到岸边水域是沙滩浅水区，非航道。在云浮市南江口镇附近的西江河段，江面狭窄，水流湍急，江水形成无数的漩涡并发出像小猪一样的叫声，人称“猪仔峡”。这里水深达 108 米，相当于 30 多层楼房的高度。据说，1949 年前有不少船只在此处沉没，船毁人亡。

在德庆县与封开县河界的交汇处，全长 3305 米，面积 4.14 平方千米的广阔水域——广东鲂国家级水产种质资源保护区，每年 4 月份的繁衍期，德庆渔政、封开渔政和对岸云浮市的郁南县渔政部门，更是开展三地渔政联合行动，分别派出人员进行 24 小时蹲守，以更好地制止滥捕广东鲂亲体，确保广东鲂产卵繁殖生态环境、自然群体和种质资源，使得这一名贵鱼类资源有效增殖。2004 年，肇庆市第一个市级水生动物自然保护区——西江广东鲂产卵场市级自然保护区正式成立。西江里，广东鲂和鳗鲡都是洄游鱼类，只是广东鲂要到上游产卵，肇庆青皮塘和广西东塔是两个重要产卵场。在这片天然的产卵场，每年这时候凭肉眼就能看到广东鲂亲体密集地在水面来回游荡。这时候，若有渔民随意一网撒下去，收获会让人瞠目结舌。曾有人创下半小时内撒网获鱼几百斤，连渔船都装不下的纪录，但那是未设立保护区前的事了。

20 世纪 80 年代中期，据当时的肇庆渔政部门调查统计，西江肇庆河段鱼类达 130 多种，其中不乏中华鲟、鲥鱼和嘉鱼等名贵鱼种。到了 2004 年，广东省渔政总队肇庆支队经过 3 年的调查统计发现，西江肇庆河段的鱼类已经锐减到 60 多种——西江上游的水质污染以及过度采砂，使江底的贝类失去良好的栖息环境，导致以贝类为食物的嘉鱼、青鱼等鱼类因为食物减少而濒危。除此外，渔民捕捞、修桥、水电大坝，甚至为了西江航道安全炸掉水底礁石等都是西江鱼类减少的主要原因。

位于西江德庆回龙绿水段、封开青皮塘江段的水域是广东鲂繁殖的天然产床，也是德庆渔政和封开渔政共同守护的地方。一把太阳伞，一条凳子，一支手电筒，在岸边来回巡逻，24 小时轮流值守，这是刘水清们的工作，平凡而寂寞。西江广东鲂是珠江水系和海南岛所特有的鱼类之一，有着重要的经济价值。曾几何时，广东鲂也面临着绝种的境况——西江的疍民也会选择在这段时间过度捕捞，导致广东鲂越发稀少。从 1992 年起，每一代德庆渔政人都会在禁渔期驻守于此，从源头上保护广东鲂这一广东省独有的鱼类资源。因为是全天候值勤执法，德庆渔政大队的队员们吃住都在江边的养殖渔排上。因为保护得当，1992 年以前，广东鲂单一品种捕捞量占总捕捞量比例从约 10%下降到约 6%，如今，广东鲂在西江的资源量非常丰富，西江各河段全年可捕，其中 2012 年禁渔期间广东鲂鱼苗量是 2011 年同期的 15 倍。

长期以来养成的职业敏感，使刘水清对水面上出现的情况比一般人更为警觉。及时发现江面上的每处异样，以及尽可能降低巡航危险性，将 83 公里河段中渔船泊岸的位置、每一处礁石的位置等谙熟于心，是德庆渔政大队每个人的“必修课”。如在驾船巡逻中，忽然望见江面上漂浮着一只上下晃动的矿泉水瓶，刘水清会减慢速度观察，再熄匙停下。刘水清从船舱里拿出铁质的长钩，待船靠近目标物体，他探身出船，挥动钩子。有时候，也许仅仅是一个矿泉水瓶子，可有时候，底下却是一张捕鱼的大网。这时候，刘水清们就会不动声色，待晚间，再潜在附近水面察看不法分子的行动，一旦有偷捕偷捞行为，他们就会亮明身份，采取行动。按照《中华人民共和国渔业法》，禁止使用炸鱼、毒鱼、电鱼等破坏渔业资源的方法进行捕捞，即使使用小于最小网目尺寸的网具进行捕捞，也是被禁止的。禁渔期间，德庆渔政大队通过常态化巡查等多种手段开展渔业行政管理，力争做到“江中无渔船，岸边无网具，市场无江鱼，渔民有保障”。

长长的西江水道上，从不乏斗争和凶险。德庆渔政大队的执法记录仪上，清楚记录了最近两年发生在西江上的惊险的一幕幕：2017 年 2 月 17 日凌晨 4 点 24 分，追缉非法电鱼船，执法快艇被电鱼船的竹篙打断了天线，幸好没打中人；2018 年 5 月 3 日 23 时 28 分，追缉非法电鱼船，违法分子逃跑上岸，现场遗下仍在高速运转的电鱼船；2018 年 5 月 25 日凌晨 3 时 36 分追缉非法电鱼船，违法分子使用各种手段不让执法快艇靠近，阻挠执法人员登船检查……

短则两三个小时，长则通宵的夜间巡航才是德庆渔政大队每日工作的“重头戏”，因为狡猾的非法捕鱼者总在夜间出没，惊险的追逐“戏码”多在深夜的河道上演。刘水清不会忘记，这些年来德庆渔政大队与偷捕分子进行的一次次斗智斗勇，仿佛影视剧中才有的惊险片段，却那么真实地发生在自己身上。2005 年，西江的支流，悦城河播植镇河段，德庆渔政大队接到群众投诉，说有人长期在此处电鱼，而且非常规律。于是，当时还不是德庆渔政大队队长的刘水清，在时任大队长江志庆的带领下前去调查。没想到在现场，当事人非常暴力，用木棍抵抗，江志庆冲上去来了一个抱摔，刘水清和同事扭住当事人的手，要将其押送至派出所，其间，教导员何德华的手还被当事人咬破了……2016 年禁渔期间，在西江九市镇江段，德庆渔政追缉 1 艘电鱼船、2 名当事人。刘水清和同事们很小心地靠近，到了船边，偷捕分子才发现德庆渔政大队的执法船，他们马上加大马力逃跑，当时电鱼船的电鱼机还在工作，1 个当事人拿起电鱼的杆子对着刘水清他们，电鱼的杆子还噼啪闪着火花，让人根本无法靠近……2018 年，进入禁渔期的深夜，德庆渔政大队追缉 1 艘非法捕捞船，当事船只是小船，吃水浅，只能靠岸行驶，德庆渔政的快艇追得很小心，靠近后，教导员席广津想登船检查，可由于水浅，快艇惯性大，他一不小心掉到江里了，船上的人马上实施营救，非法捕捞船却趁机逃跑了……

守河，守什么？

年轻时，他们在江上寻觅着理想；中年时，他们在江上寻觅着生计；年纪渐大，他们仍在这江上，寻觅着自由与洒脱。他们守护着母亲河，守护着幼小的生命，让河流流淌进梦里。其实，他们守望的并非“万紫千红总是春”，往往是“山重水复疑无路”的局面。

江河是哺育我们的，无法想象就像母亲一样的江河如果没有了，这世界会是什么样子。无论我们如何闹腾折磨，江河依然匍匐于低处，亘古未变地抚慰着大地。江河虽然静默不语，但我们不能仰仗科技而胡作非为，对于苍天自然，人类渺小如尘埃。我们依江河而生，完全仰赖于自然的恩赐，关爱江河也是关爱我们自己。

鱼和网，人和鱼，船和江河，不是对立、冲突、紧张的关系。但无序的打捞开始破坏自然法则和秩序，机器的轰鸣搅扰着江河的平静，索取没有止境，而江河永远在低处沉默。

像徐桂泉这样年纪的渔民，可能是西江最后的渔民，因为，他的儿子已经在珠三角打工多年，不愿意回来。但凡有好的出路，谁愿意在江上因循着父辈们的生活轨迹呢？不但辛苦，捕鱼捞虾的收获也无法与辛劳成正比。但是，这就是渔民的生活，不管多苦多累，为了生活，都得咬牙挺住，不管有多不甘、多愤懑，都不能放弃。

“清早船儿去呀去撒网，晚上回来鱼满舱……”这首渔歌曾经生动地描述了中国老一辈渔民的生活景象。然而近二三十年间，随着现代文明进程的加速，人们开始恣意妄为，过度捕捞，加上工业污染，共同交织成一曲无奈而悲壮的血泪渔歌……江河的健康状况开始急剧恶化，鱼群急剧减少，很多鱼类濒临灭绝，祖祖辈辈赖以生存的江河变得贫瘠，甚至出现无鱼可打的尴尬局面。渔民为了走出困境，用更大的铁壳船代替小木船，渔网不断加长，网眼不断变小，可这些并没有为渔民带来长久的富裕，反而带来更多的无助、焦躁和失望。

鼎盛期，德庆渔政大队登记在册的渔船有 287 艘，如今，减少到 276 艘。2019 年，德庆将实施减船转产计划，渔船将减至 220 艘。目前，整个肇庆市发证的渔船也逐年减少，西江渔业式微已是不争的事实。那还有坚守的必要吗？在老一辈渔民逝去，新生代又不愿意继承渔业的情况下，西江渔业会消亡吗？对此，渔政部门人员还是有信心的。

席广津，德庆渔政大队教导员，从事渔政工作超过 30 年。2019 年 4 月，适逢由上而下的机构改革，德庆渔政大队整体转隶德庆县农业农村局，与其他农业执法职能部门组成农业综合执法队伍。无论怎样变化，老渔政人席广津都对渔业情有独钟，也对西江渔业有另一番思考。他认为，将来西江渔业或许会转型，从第一产业转向第三产业，向休闲渔业过渡。他想，生活水平提高了，人们会更注重生活品质，只要有需求，西江渔业就会继续发展，渔业的生态价值、社会价值将比经济价值更高，到那时，西江渔民出江捕鱼并非纯为生产，还兼有锻炼身体的意义。在席广津看来，未来，有文化、有能力、有创新精神的新一代西江“渔民”将出现，渔业与休闲旅游结合，将更凸显渔业文化价值，并在渔业的娱乐价值、休闲价值方面升级。

为了增殖渔业资源，保护西江的生态环境，广东省渔政总队肇庆支队除了每年向西江投放鱼苗外，还注意保护各种鱼类的产卵，为鱼类提供适宜的生产环境。无论是徐桂泉还是刘水清，都清楚西江每种鱼类的产卵方式。鲫鱼和鲤鱼，是需要黏附在叶子上产卵的，广东鲂却习惯于在砂底砾石上产卵，更多的鱼是直接产在水里，江水翻滚使鱼卵孵化出来，成为鱼花……对于职业渔民徐桂泉来说，自小父辈就教导他，不同的鱼类要用不同的渔具捕捞，如果有太小的鱼进入网中，要将它放回水中……

每年从清明到 7 月是捕鱼花的季节，西江鱼花闻名遐迩。所谓“鱼花”，是指刚刚从鱼卵孵化出来的鱼苗。从前，人们在西江河段捕捞鱼花、培育鱼苗，在长期的生产实践中也总结出一套独特的鱼花养殖技艺。20 世纪 60 年代，人工成功孵化鱼花，自那以后，人工养殖开始取代传统养殖技艺。让鱼儿自由地在西江中繁衍生息，这就是国家从 2011 年开始将每年的 4～7 月设为珠江禁渔期的原因。

西江是肇庆的母亲河，西江流域是珠江水系的主动脉，开展增殖放流，是养护西江流域渔业资源、建设水域生态文明的重要举措，无论是民间还是官方，在推动西江流域渔业实现可持续发展方面都做出了积极的贡献。

4 月 27 日，农历三月廿三，德庆县在悦城龙母庙附近的西江河段举行了“2019 龙母放生节”活动。广东省肇庆市放生协会成员，肇庆市渔政、文旅部门人员，德庆县有关领导及部门代表，以及珠三角、港澳地区的龙母善信、游客等约一万人参与了这一文化旅游盛事。这次活动共向母亲河西江放生青鱼、草鱼、鲢鱼、鳙鱼、鲤鱼等鱼苗近 100 万尾，对促进西江流域生态文明建设和渔业可持续发展起到了重要的作用。

在徐桂泉眼中，实施禁渔 9 年，西江的鱼多了，个头大了，打鱼的收入比禁渔政策实行前每年要多赚 5000～10000 元。徐桂泉等疍民是西江禁渔 9 年来的直接受益者，也是西江水质由好变坏，又从坏变好的直接见证者。而这也给了守河者以希望。

广东省渔政总队肇庆支队资源环境科科长苏少芳，一直关注着西江禁渔近 10 年来的效果。肇庆渔政部门一直在检测和调查西江肇庆河段的鱼类变化，发现鱼类从 2007 年的 60 多种增加到 90 多种。这两年来，肇庆渔民在西江中多次打捞起已经 30 多年没见的舌鳎、日本鳗鲡等珍稀鱼种。2018 年，肇庆渔政部门通过对实施禁渔期前后对比，对西江流刺网、钓具、抛网、虾笼等 4 种网具的渔船进行调查，发现抛网和流刺网渔船捕捞的鱼类主要以广东鲂、赤眼鳟、草鱼、黄鱼等经济鱼类为主。渔船单船产量要远远高于禁渔期前的捕捞量，平均单船产量达到 89 斤，比禁渔期前多 44 斤，增长近 1 倍。鱼类的个头都有所增大，大规格鱼占比大大增加，赤眼鳟的个头比禁渔前明显增大，有的重达 2 斤多……

西江肇庆河段是珠江鱼类重要的洄游通道，资源丰富，水质良好，保护好西江的生态环境是粤港澳大湾区经济发展的前提保障。西江水质的好坏，直接影响着下游几千万人民的生产生活。肇庆河段长年稳定在Ⅱ类水质标准，水环境质量综合指数排名全省第 2 位。

西江水质好了，会有奇迹出现吗？这是徐桂泉和刘水清最为期盼的。所谓的奇迹，是指西江特有的珍稀鱼类的重现。“春鳊秋鲤夏三黧”，鲥鱼是学名，广东人叫三黧鱼，因西江鲥鱼离水片刻即死，且不能养殖，故金贵异常。鲥鱼自古被历代皇帝与文人雅士极力追捧，其美味闻名于世，历史上曾为贡品，现在西江已难觅其踪影。鲥鱼每年从珠江口溯江而上后，最喜洄游在德庆县的九市、德城、回龙，其次是高要的禄步、郁南的罗旁，因而鲥鱼便盛产在这些地方。刘水清说，自他从 15 年前进入德庆渔政大队至今，从没见过鲥鱼。徐桂泉则表示，这种鱼虽然 20 多年没在西江出现过，但不代表就绝迹了，也许某一天就会重现西江……

2019.10.05

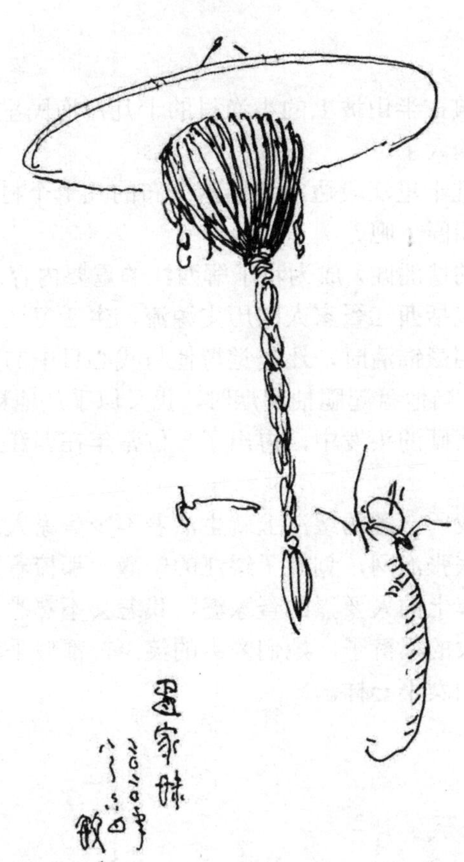

寻访最后的造船匠

在这个修筑在半山坡上的小渔村的十几户渔民里，他该是最后一个会造船的人了。

滔滔向前几十里江段边，那错落分布的几十个村落里，他也许是最后的造船匠了吧？

寻访最后的造船匠，成为我了解西江的重要内容之一，为此，我做了功课，包括西江疍家人的历史源流、生活习性、风俗习惯等。但当我见到彭锦清时，还是觉得他与我心目中的疍家人是有距离的。不过，当他盘起腿抽起烟时，我又似乎从他粗壮的小腿、黝黑的肤色、坚硬的头发中，得出了一位常年在西江上捕鱼人的形象来。

小时候，我所熟悉的绥江上就生活着不少疍家人。清晨和黄昏，他们用一张张渔网，划破了绥江的宁静。那梳着大麻花辫，肤色明显要比岸上的人要黑的疍家婆，我怎会不熟悉？她们的碎花开襟衫、阔大的黑裤子，她们豪爽的笑声，都似乎和我平日里接触到的劳动妇女不一样。

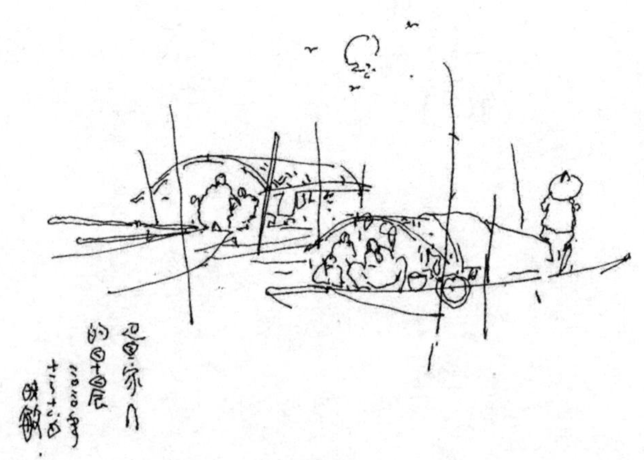

但这些年来，我从来没有与疍家人这个跟自己的生活方式有所不同的群体交谈过，更没有了解过他们的前世今生。是的，他们从出生始就流散不定，与水为伴，他们定然和我，和大多数的人，有着不一样的性格、习惯与文化。

“谁谓河广，一苇杭之。”舟楫，是先民们最早“浮海”的工具。船，使茫茫水域成为可以自由航行的空间，船让先民能劳作于波谷浪峰，耕江牧渔，是渔民与外界联系的纽带。古代百越人临海而居，很早就会编筏造舟，以之作为水运工具。《淮南子·原道训》上说“九嶷之南，陆事寡而水事众”，百越先人早就习惯于渔猎生活。

大约从独木舟开始，人类寻求着变革水上交通工具的方法，船也默默接受着时代对它的影响和改造。水上的先民们，在长期的实践过程中对独木舟和筏不断加以改进，渐变为木板船。历代劳动者通过造船实践，得出了宝贵的造船原理和工艺智慧。从普通的木船到可远洋航行的帆船，乃至渔轮，从小到大，从简单到复杂，我们或可从中窥见船的进化史、人类的航海史。只是，在许多木船作坊转产，改建钢制渔船的情况下，传统手工木船制作工艺日渐式微。但造船的古老技艺，饱含着先辈杰出的手工智慧和严谨的工匠精神，在如今的工业化时代显得尤为珍贵。于是，寻访最后的造船匠，进而了解西江的渔业情况，便成了我采访工作中颇为迫切的事情。

肇庆的水运交通历史悠久，船舶修造业形成也较早。据记载，汉代怀集县的先民就利用松干凿削成独木舟，作为水上交通工具。明末清初，郁南县民间已能造出载重30～40吨的木质三板艇和围底船。清嘉庆年间，四会县造船业已有相当规模。民国时期，四会威整、江谷、石狗等地已有作坊式的私营船厂20多家，制造、修理数以百计的小渔船和渡船等。新中国成立初期，造船行业仍处于私营个体和分散的作坊生产。1957年，高要专区交通船厂（肇庆船舶保养场前身）能修理150吨以下的木船。1967年，国营西江造船厂投产，开始建造50吨级钢质沿海货轮。至此，肇庆延绵

2000 多年来只能生产木质船艇的历史结束了，造船业上了一个新台阶。

在高速运转的大时代里，民间的造船又何去何从？

德庆县回龙镇绿水村，是一个典型的渔村，离镇上大约 10 公里。这个村子布局整齐划一，巷道宽阔，多是崭新的平房或两三层小楼，看得出是某年政府动员干预下整村搬迁或统一建设的。每年的休渔期，无事可做的村民们只好修补渔网，或是闲聊、打扑克以度日。村口，一辆农用小三轮车为这个村子带来一些新鲜的菜蔬和肉类，因为他们并不种菜，哪怕在一年的空闲期。休渔期里，政府给予渔民每人每月 550 元的补贴，让他们衣食无虞，这是现代社会渔民才有的福利。

一年一度的休渔期，长达四个月的休整，闷在家里的彭锦清觉得骨头快要生锈了。立春过后，雨水越来越频密，有时一下就是一整天，外面的世界被笼罩上一层挥之不去的雾气，潮湿得让人浑身不适。虽然三层的小楼已经舒适安妥，身边有两个小外孙萦绕着，嬉闹着，但他总觉得不自在，身体像是被蚂蚁噬咬着，常常坐卧不安。

小外孙是女儿带过来的。女儿的婆家与绿水村仅一水之隔，在邻市云浮郁南县。那一带宽阔的江面，是绿水村人世代赖以生存的天然渔场，对于以“耕江”为生的绿水村人来说，没有哪个地方比这里更让他们熟悉了。女儿长大了，到了要找婆家的年龄，老彭思来想去，还是觉得嫁到对岸比较稳妥。绿水村也有多个姓氏，但如果女儿嫁在绿水村，就意味着一辈子还是要重复自己的命运，终日在狭小的船舱里随江找吃食。女儿终于如他所愿，嫁到了他站在村边一眼望过去就能看见的地方。那同样是一个小村子，却不是靠打鱼过活，而是靠耕作。然而，在那样一个小地方，光靠一亩三分地是没有出路的，尤其是在如今的商品经济时代。女儿还是到外面打工了，留下两个孩子托给老人带着。

望着活蹦乱跳的孩子，老彭经常在想，自己当初是不是想错了，女儿嫁在自己眼皮子底下，近是近了，可也得有生计呀。儿子初中毕业后也早早就到珠三角打工了，他早就说过，不会再回绿水村了。子女都到外面闯世界，这在绿水村并不新鲜，这十几户人家，年轻人几乎都出去了，且不再回来。老彭也想通了，不回来也好，回来，拿什么过活呢？眼下，休渔期越来越长，鱼也越来越不好打了，儿女也不是打鱼的料子，整天风吹日晒、起早摸黑，但凡有好的出路，谁愿意让孩子这么辛苦呢？人心都是肉长的。

虽说是休渔期，可以好好休息，可老彭还是习惯在深夜里起来。长年累月养成的习惯，不是一时能改得了的。家里静静的，老婆带着两个小外孙已经进入梦乡。在客厅节能灯那微弱的亮光下，老彭抽起了烟，一支接着一支……夜这样长，更多时候夜雨不请自来，时大时小，有时候下上一整夜不会停歇，下得室内闷热，人心不安。两个孩子在外已经许久没回来了，只不时来一通电话，他们在外怎么样呢？自己是无从知晓的。音讯在这时代是如此便捷，但老彭仍有被遗落之感。这到底是谁抛弃了谁？是子女抛弃了乡村、父母？还是他们被乡村抛弃了？但有一点肯定的是，哪怕回来，也不会有他们的一席之地了。桌子上放着一张通知书，那是老彭不愿意触碰的命运。

2019 年，县里将实施减船转产计划，渔船将减至 220 艘……按照通知精神，绿水村将减少 11 艘渔船。彭锦清也在名单里，他老了，捞鱼的力气活干不动了，儿女也离开了水面，不愿意再做渔民。每每想到这些，老彭心里隐隐作痛。

眼下，那条船就在村边下方的岸上，孤独地停靠着，等待着，守候着……今年的雨水是那样频密，比往年都要多。每次到江岸看自家的那条船，老彭都要诅咒了，老天爷这是怎么回事？天像是穿了锅似的，没个消停啊。看着自己的船日夜被雨水浸泡，老彭心里很不好受。说是休渔期，渔船、人都要休整的，可当真想给船上上油，翻新翻新，哪里有好天气晒船呢？

作为绿水村现存唯一的造船匠，老彭对船只有着特殊的感情，造船带给他的荣耀也是他一生引以为傲的。

正如我们无法决定自己的出生，无法选择自己的出生地，祖辈千百年延续的血脉、命运，到老彭这一辈，依然靠水吃水，天生天养，打鱼是自然而然的事情。没有一条好船，怎能到水深浪大的江里打鱼呢？

可是，造船的功夫不是人人都能学的。造船，靠的是一双手，一双耐磨、不怕苦的手。学艺前，是要行礼的，不管行的算不算拜师礼，但老祖宗传下来的讲究，后辈是要好好继承的。首先要拜师傅。在长长的西江沿岸那些依水而建的村落里，那些乌黑低矮的粗砖瓦房里，就有世代造船的能手。

老彭还记得他和父亲划了十几里的水路，到邻镇的刘村拜刘阿八为师傅。那天一大早，挑着沉沉担挑的父亲走在前面，光是酒水、猪肉、对鸡、米面、油炸糍粑就装了满满两箩筐。父亲眼里满是期望，行完跪拜礼，他知道儿子就算是刘阿八的徒弟了。

刘阿八可是轻易不收徒的。凡是刘阿八的弟子，都有刘阿八赠送的工具箱子，这几乎成了刘氏弟子的标志。可不要小看这只小小的格木做的箱子，里面装的全是造船工具：锯子、刨子、锉子、锤子……应有尽有，还有一些刘阿八独创的工具，是别处难寻的。这只有着坚固的木柄提手、两扇可开合的门，并带上一把小巧铜锁的长方形工具箱，是当地渔家津津乐道的话题。“你说刘阿八这老不死，人人送只箱子为啥？箱底下还刻上阳文‘刘’字，怕是他想流芳百世呢。”人们议论着。

直到真正做起船来，老彭才晓得是那么不容易。传统造船匠的手艺主要体现在对木材的处理上，那时候的老师傅造船，并无图纸，仅凭口口相传的尺寸，就可对木材进行切割、塑形，然后将所有的部件木板拼起来，就是一条船，这体现的是历代造船匠的智慧及传承。

代代相传的生活技艺，流淌在西江两岸人民的血液中，已经成为生命记忆的一部分。从日常生活与生存中得来的技能，先天性地携带着智慧的基因。那些技艺，大多就地取材，构思精巧。其技艺之娴熟，创意之独特，工艺之灵巧，常令人赞叹不已。

拿一艘长 6.6 米、宽 1.5 米、深 0.7 米的木质渔船来说，从选料加工到成型、刷油，要经过 8 个步骤几十道工序，其中有 80% 都需要纯手工完成。掌握这门手艺不仅需要天赋和悟性，还需要实实在在的体力，经受风吹日晒，艰苦异常。

古语云："南人弄舟，北人善马。"在古代，船的叫法有很多，比如艋、舲、舫、艇等。中国古代的造船业始于2000 年前的汉代，到宋代时抵达巅峰。当时，不仅官方造船，民间也造，无论是锛凿斧锯，还是摞线放木，民间匠人们都身怀绝技。

捕鱼船是一种有着特殊要求的船，必须要有船舱，甚至是多个舱，有些还备有"活舱"，即在第三舱、第四舱的下部开出漏面，以活水保鱼。这种船一般是木质、双桨，需人力操作，吃水浅，转向灵活，便于作业。

对于西江沿岸渔民来说，船不只是江上捕捞、鱼货贸易、物资运输和江上的交通工具，更是长年累月风里来雨里去，避寒躲浪的渔民的家。"以船为家""同船共一命""三寸板内是娘房"等俚语，正是这种现实生活的反映。正因如此，渔民将船当作命根子，他们的船，不但要坚固耐用，经得起风浪的摔打，还要美观，尤其是要吉利。

西江疍民的婚房就是一艘新渔船，意味着成家立业，独立谋生。对以船为家的西江疍民而言，船不只是生产捕捞工具，还是交通工具，是他们生活起居的中心。因此，从一开始，疍民就投入大量的财力精力去打造一条船。在 20 世纪 90 年代，一条普通的小型木质船的造价（含木材、发动机、船钉、密封灰等耗材）为 8000～10000 元。而造一条传统木质渔船，仅一个造船师傅就需要支付 2000～3000 元人工费，其他互助式的帮工人工费还没有计算在内。因此，对渔民来说，失去一条船，等于是失去了家庭最重要的资产。

造船是否吉利，自己是否适宜造船生财，将影响到一家人今后的生活来源和命运，故而在造船前要进行一系列虔诚的礼仪活动，其主要形式有：合生肖、选船料、请造船师傅、定造船场地、择开工吉日等。

在西江两岸的渔家，有些事情至今仍是禁忌。比如，要避免说不吉利的话。船上无人无货，不能叫“空船”，得叫“吉船”。船舶调头不能叫“调头”，叫“圈头”。吃鱼时，吃完鱼的一面，要吃鱼的另一面，翻过来时，不能叫“翻转”，叫“顺转”。同样渔船每年要底朝天晒油，亦要叫“顺转”。头无片瓦，脚无寸土，顶着一片天，如要指上方，不能叫“上边”，叫“高边”，下方叫“落边”。

老彭至今还记得他帮人造第一条船时的细节，光是造船前的礼仪，就有一大通。先是合生肖，就是把船主的生辰八字与聘任的造船师傅的生辰八字结合起来，请算命先生排算。据说，排算的方法很复杂。若是船主与大木师傅的生辰八字合出来的是申子辰、寅午辰、己酉辰、亥卯未三合局，则是相顺相合大吉利，造船师傅可以为该船主造船。船主认为这样造出来的船，日后定然兴旺。

生肖合定后，船主就要正式下聘，向大木师傅和小木工付定金。定金要用红纸包着，内包钱币 4～6 枚，含“四四整整”“六六大顺”吉祥之意。定金一经付定，无特殊情况，双方不能反悔。

在西江两岸，船家多用生长多年的老杉木，裁成直径约 24 厘米的杉板造船，因杉木易找且质地轻，浮水性好。但杉木不耐泡，易蚀，所以渔民们每年都要晒船。做船头的横木和“肋骨”（又称船脊）则需要优质的坤甸木，这是一种非常硬的不怕水泡的木材，珠三角的传统龙船用的就是坤甸木。这些木料的选取都有特定的象征意义。

造船地点的选取也很讲究。西江渔民多选面积宽广、山岙朝南的河滩，邻近河神庙的地方也是理想的场所。当地人认为，在这两处造船，造出来的船最圣洁，入江捕鱼最太平。

几个寒暑过去，老彭终于从刘阿八那里学成归来，自己造的第一条船，自然要认真对待。先是开工取料造船底。俗话说：“造屋打地基，造船先造底。”造船开工第一天，除了挑选吉庆日子外，还要举行俗称“开工酒”。老彭第一次坐在八仙桌的上位，心情自然激动。隆重的祭典活动，工场搭起帐篷，摆好八仙桌，鸣放鞭炮……到了中午，船主要宴请大木师傅，老彭那时还不到30岁。船主除了恭敬地向他敬酒，还奉上双份当天的工钱，工钱用红纸包着，以示尊重。

按照旧俗，船匠的开工取料，也有特定的时间。因西江沿岸渔民视船为木龙，开工取料必须定在当天的辰时，即上午的7时到9时。

在整艘船中，船脊尤为重要，是整艘船的框架，起着支撑的作用。在竖起船脊时燃炮仗、挂红布，都要船主亲自进行，不能请人替代。船脊竖起意味着木龙降世之始，船主要十分虔诚地在船脊前叩头跪拜，持香祈祷过路众神，护持木龙降世顺利，百难俱消，一生平安。

此外，还有“放正翠”（在船底中间先放两根狭长的筋木，以防船底直接接触海底）“铺置”“上梁头”“上大肋”“上斗筋”“安船灵”“置船眼”等多道繁杂的工序，西江渔船与别处渔船不同的是，别处渔船是龙骨结构，而西江渔船是肋骨结构。老彭还记得，从西江水渐小的9月开始，一直到船下水，他和另一名“小木”一起，足足干了半年，才在农历新年前将船造好。

作为大木师傅的老彭，在完成打造船体外壳的各道工序，船成型之后，他的工作基本完成。但造船是个综合的工程，船体合成后还要请木匠、铁匠、篷师等完成嵌船缝、做船铺和船窗、漆船、造锚等工序。其中嵌船缝非常重要，因为船板如果密封不好就会漏水，必须用桐油和石灰以及麻絮做成的油泥子钉入缝隙，名曰“练船”或“泥船”。这个步骤不可或缺，这是为了船体有更好的浮水性，所以晒油时，船木要吸附柴油，然后刷上桐油。“泥船”后还要漆船，西江上的渔船一般全身漆成黑色。

西江渔船与长江渔船的一个很大区别是发动机的安装，长江渔船一般都是挂桨式，而西江渔船是座舱式，动力和操控安全性都高于长江渔船。西江渔船的发动机是固定在船肋上的，传动轴的安装、发动机的安装定位更是一个技术活。

老彭从刘阿八那学到的，是最传统的造船技术，至于安装发动机，则是后来才慢慢摸索的，从这点来说，老彭已经比师傅要胜一筹了。为什么说发动机的安装不容易呢？简单来说，发动机要安装在船的正中位置，使渔船整体处于平衡状态，不会头重脚轻、左摇右摆。

以前的船是没有发动机的，一般长五米左右，现在都安装发动机，发动机越大，占的位置也越大。而随着时代的发展和现实的需要，船形越造越大。

待渔船造成后，新船“进水”成了检验船只是否坚固的第一关。抬船“进水”是很吃力的活，作为大木师傅的老彭站在船头，在指挥抬船过程中一边吆喝，一边不断地向船舱抛洒钱币，在喜庆而欢乐的抛币声中，新船就这样被众人缓缓抬“进水”。

看着新船下水，老彭大概是除了船主外最高兴的人了。辛苦几个月，终得圆满，办“新船酒”庆贺是少不了的，在西江沿岸，称这为“落河酒”。无论是在岸上还是在船上，这一天地位最高的，还是作为大木师傅的老彭。船主要请他坐上席，还要第一个向他敬酒，然后再敬别人，以示谢意。30年过去了，其间，西江中有多少渔船是老彭造的呢？他已经记不清了，但他亲手打造的第一条船，他是一辈子也忘不掉的。

他老了，以打鱼为生的人也少了，他不知道上次造的那条船是否就是他造的最后一条船。他很想招一些徒弟，让这门手艺传承下去，但找不到合适的人，合适的也嫌辛苦而不愿意学，造船还有什么前途呢？而且，机械化船只的普及已经让手工造船业逐渐凋零，坚守着这项传统的技艺，还有意义吗？如果说造船是文化遗产，但又没有任何相关人士听他述说造船的手艺，摄录他造船的过程。在一个汽车逐渐取代船只的年代，人们更应该记住那些曾经出没于水波之上的交通工具，老彭想。

所以，每造一条船，老彭都要大醉一场。因为只有那时候，他的地位最高；只有那时候，他才可以被认可，才可以忘掉现实生活的种种不快。还是醉一场好，至少在梦里，可以继续着他造船的荣光。

2019.10.13

看水记

2017 年夏天的那场水事，似乎是伴随着炎热和成群结队的大水蚁，以及密集的电话铃声一起来的。

很快，人们的心情随着上游不断传来的消息开始紧张起来，他们张望着什么，又担心着什么。

我早就隐隐地觉得，这个夏天会发生些什么。

与一条大江昼夜相伴，流动的水滋养着岸上的城和人，变化的水影响着天地万物。有河流的城市，必然不会是单调的，苍白的，贫瘠的。

那一场浩荡的水事，让人难忘，让人思索。

上游似有隐隐雷声，闪电打着恶的手势，撕裂漆黑的天幕，让人得以窥见眼前阔大的江面，恶浪汹涌，翻滚着，腾跃着，不休不止。

一顶顶帐篷搭起来了，一个个沙包垒起来了，一面面红旗插起来了，一支支手电筒在来回探照，探向夜幕中滔滔的江面。

雨仍下着，“哗啦啦”地狠命往身上泼，丝毫没有要停下来的意思。风此时很不友好地又跑来肆虐，一阵比一阵强劲，野狼般地嗥叫着，要掀翻帐篷，掀飞雨伞，吹剥雨衣……人们在惊慌中赶忙扶帐篷，一人扶一个支点，将要倾倒的帐篷扶正，四处找来可加固的东西，砖头、石块、椅子……雨打湿了头发、衣服。河堤上，手电筒光四射，惊呼声、喊叫声、喘息声、口哨声响成一片……

风终于停了，但水仍在上涨，一分一秒，瞬息之间快要接近临界点，漫漫黄汤遮天盖地。在自然的伟力面前，人类显得多么渺小无力。不是说人定胜天吗？但在此时，再大的力量，在浩浩荡荡、排山倒海般的洪水面前，都是苍白的。为什么会有那么多的洪水？这是自然对人的提醒，抑或缘于人对自然的破坏？我无法回答，大自然以暴涨的江水让人沉思。

防汛Ⅲ级应急已经拉响，三防指挥部的水情预告在飞传，大水压境，惊涛拍岸，洪灾一触即发，人们的表情更加严峻。

“涨速每小时 0.11 米”“警戒水位 15 米”“超警戒水位 2.13 米”“西江将出现超 20 年一遇洪水（2008 年以来最大）”“预计 7 月 4 日傍晚出现 18 米左右的洪峰水位……”那些低洼处，已经传来被淹的消息。

防御，转移，守卫，刻不容缓！

水就在脚下一寸寸逼近。它似乎要撼动脚下的土地，让人见识它的威力。西江河面已经宽阔不少，河水浑浊湍急。堤下那片原本宽阔的滩涂已经变成一片汪洋，菜地、玉米地早已不见踪影。那些原来在视野之内停靠得远远的船舶，也随水位上涨而上升了位置，仿佛与自己站立的位置成水平面了。

没有一丝风，空气潮闷，蚊虫嗡嗡，雨棚下探出的一道道光，来自一个个的守堤者。巡堤查险，彻夜巡查，驻守值班，严防死守，人在堤在！

退，还是守？已经容不得多想。光亮处，是人声，是烟点，是一张张焦躁的脸。即使有较强的防御能力，这凶如猛兽的西江洪水，仍会令人不寒而栗。

每个单位负责 50 米的河段，24 小时轮班制，每个人都绷着脸，死盯着浑浊的江水，心里只有一个念想，就是洪水快退，好回去睡个好觉。

老妈妈来了，带着浓浓的汤，给熬夜值守的人们每人端上满满的一碗，喝得人肚里热热的，心里暖暖的；中医院的“杏林之鸽”志愿者来了，他们送来的“参梅茶”，酸酸甜甜，止渴生津，润泽心田；企业代表来了，及时送来了清凉油、防蚊水；妻子来了，给丈夫披上风衣，续上茶水……一支支手电筒的映照下，是更长的队伍，是一张张关切、真诚的脸……

我从未经历过这样的夜晚，也从未在如此多的手电筒的照射下，感受到关切的目光，手与手相握间的温暖和爱的热度。就在那一晚，我确信了，那一束束的手电筒光汇聚起来，就汇成了一股战无不胜的力量。

我从未与洪水如此接近，它日日夜夜牵扯着我的心，包括远方关心我安危的亲友。一场洪水的到来，打乱了正常的生活，搅乱了宁静的心绪，却让我从工作中抽身出来，面对自然，思考人生。

滚滚西江，源远流长。几千年来，它滋润着两岸大地，哺育着两岸人民。对肇庆来说，它曾造福于人民，也带来过灾难，特别是在苦难深重的旧社会，西江的哭泣多于歌唱。

对于西江洪涝，沿岸人民是再熟悉不过了。西江洪水年年为患，人民深受洪灾之苦，不堪言状。所以，在西江沿岸流传着这样一句话：“一年没水浸，猪乸都戴耳环。”此话不假，因为沿江地带土地肥沃，倘不受灾，定能五谷丰赡。可西江两岸的农田庄稼、人畜房屋，却频遭水患。历史的真实记载，至今仍会使人伤心落泪。

西江水患让沿江人民多了一份警惕、一份防备，那就是“走西水”。所谓走西水，即沿岸人民家家备一只小艇，每到汛期，他们都特别留神，一旦发现半夜江水浸屋，一家老少马上撑艇逃走。一只小艇，平时并无多大用处，但关键时刻能救命。

我仍记得小时候看涨水的情景，那似乎成了每年小孩子心中既害怕又盼望的大事。

每年夏天，几场暴雨过后，那司空见惯的河流突然抬高了水位，敞开了阔大的情怀，让劳碌的人们见识了一种浪高水深的生命状态。

江河涨水了。江是在高兴还是在发怒呢？它不断地制造漩涡，抛洒浪花，像是行为艺术家，又像是浪漫的大诗人。

比河流更激动是我们这些乳臭未干的孩子，我们一边看水在河里翻跟斗，一边在岸上学着浪花翻跟斗。

大人们早早来到岸边，因为涨水，他们比平时更麻利地做好了家中细务，好早早脱身出来，扶老携幼来看涨水，仿佛这是个节日，能够让人摆脱庸碌的一天。他们三三两两分布于岸上，有的看水位和水势，用脚丈量着水涨了几尺几寸，凭着经验估摸着雨还下不下，判断着岸上自家庄稼地的墒情深浅和今年的收成；有的拿来网具在水边捞鱼，又吸引了一堆人围观；还有的顺手拦下河里漂过来的东西，打捞上来捡回家去，如一截木头、一只水桶、一根竹竿……这叫发大水财。滔滔浊浪，向岸边排挤一堆又一堆的秽物，还有一堆堆泡沫塞在水缓的浅弯，沤积出酸臭。岸上观洪，如同过节一般，越是这个时候，岸边的人越多。可见，在生活单调、娱乐贫乏的年代，一场大水对人们生活的调节是多么重要。

当然，人们还看到了不想见到的东西。远远地，河面上移动的黑点越来越近。终于看清了，是一头猪。河水翻滚着，它也翻滚着，一上一下，任凭水的摆布。多可怜呀，它身体肿胀，眼睛紧闭，到底经历了怎样的惊恐和痛苦？也许，这是一头还没有长大的猪。曾经，它是那样受主人的爱护，有温暖的窝、合口的食物、干净的水……可是，万万没想到，暴烈的洪水说来就来，不由分说地将它卷走了……

20 多年过去了，现在回想那个涨水的日子，那个夜晚，在故乡的绥江岸上，连同 8 岁的我在内，一定有不少人没有睡好觉。我们关注着有关那辆客车落江的消息，同情着那车人的命运和他们的不幸遭遇。

那天，绥江涨水的日子，心智懵懂的我，似乎从暴涨的河水里，从奔腾的水流中，看见了我们看不透也不能把握的命运的暴力和无常，以及所有生命都会有的悲苦、受难和死亡。因绥江涨水，我小小的心里泛起了对生命的最初同情，至今这同情的波澜始终没有落潮，而且越来越深……

自古以来，洪涝为肇庆城区的最大灾害。据《高要自然灾害史》载：“1915 年，乙卯夏，淫雨达月，西潦暴涨，县属堤围全决，景福围决口 47 处，全城淹没，城市亦水深数尺，波及广州出现水患，妇幼、男女伤亡者，悲声遍地，惨不忍睹，流离失所，无栖息者亦难数计，难民在十余万之众，数百年来最悲惨事。”人们至今不忘的“乙卯水灾”，正是此年。

1994年的那场大水，并没有随时间过去而让人彻底忘却，反而在每年夏天西江水位上涨时，又将人们的记忆拉近。据记载，1994年自端午节始，大雨不止，致西江河水暴涨，6月20日，水位高达13.62米，成为百年一遇特大洪峰。西江持续11天的洪水，超过了历史洪水位，使得西江沿岸广泛受浸，受灾总人口53.32万，受洪水围困14.27万人，死亡4人，失踪4人，全市直接经济损失30.82亿元。为抗击这次特大洪水，肇庆市直接用于抗洪抢险的费用达3770万元。在这场洪灾中，军民团结一心，合力抗洪，捐款赈灾，无论人还是防洪工程，都经受住了一次重大的考验。这是西江抗洪史上重要的、值得大书特书的一笔。

小时候看涨水，是置身事外、事不关己的轻松，而2017年夏天的那场水事，却是亲身参与、为之忧心的紧张，个人命运是如此紧密地与一个事件联结起来，并契入了生命，难以忘怀。也许多年以后，人们已经逐渐淡忘了那个守堤看水的夜晚，但2017年夏天的那场水事，却永远地印刻在了我的心里。

2019.10.04

筑堤者与景福围的千年相守

世界上还有没有一条堤围像它那样，历经百年风雨，至今仍在修建的呢？世界上有多少筑堤者，会像端州的筑堤者一样，前赴后继，代代相继呢？我无法调查。

将一段堤围筑进历史

我仍记得，17 年前，当我踏足端州这片土地的时候，那耳旁的清风、湿湿的气息，牵引着我向它靠近。当我走向它，无论白昼或黑夜，它不停歇的涛声似乎在启示我：要向前看，不要因一时的磕磕碰碰而停住脚步。当我依偎着它，向它倾吐我的苦和累，它那有节奏的呼吸，轻轻拍打在岸上，似乎在给我安慰……忘了多少个日夜，我总喜欢靠近它，走进它，连同它和我一样律动的脉搏、心跳，我就知道，自己已经完全融进这座城了。而当我回过头，高大雄伟的西江堤围，无论什么时候都笃实、坚定，给人以安稳和依靠。

俗话说："兵来将挡，水来土掩。"对于一座城市来说，抵御江河洪水的侵袭，靠的就是堤防工程。尤其对于与江相伴的城市，一段堤围是不可或缺的，因为它是抵御洪水最有效的方式。

肇庆是珠三角筑堤最早的地区之一，宋代开始就有"开涌排涝"的方法。据《广东省志·水利志》记载，宋至道二年（996 年）修高要县（今肇庆）西江榄江堤（今鼎湖广利长利堤），这是珠江三角洲修堤的最早记载。景福围是肇庆重要的堤防工程，与丰乐围一起构成的景丰联围，是全省著名的十大堤围之一，也是肇庆防洪安全体系的重中之重，以其特殊的地理位置，担负着特定的防洪使命。当时为什么要筑堤呢？民国高要县人吴远基曾如此分析高要县堤围的作用："吾县跨江为境，地形不同，无堤则无田，堤不高厚，亦不足以御水而护田。”高要境内，西江与新兴江、大迳河、宋隆河等大小支流形成庞大的水系网络，每当西江发水，以高要最为严重。加上高要县内的羚羊峡将水束咽，水势至此受阻，因而堤围工程显得十分重要。早在600多年前，明洪武元年（1368年），肇庆知府王全筑水矶堤，这是史料记载景福围修筑最早的堤段。

作为珠江三角洲的重要堤围之一，景福围有着悠久的历史。景福围始建于宋至道二年（996年），又名王城围，成形于明代，更名于清代。

景福围位于西江下游北岸，由三段组成，西段：北（左）岸小湘峡（现称三榕峡）口东，南至香炉峡（现称大鼎峡）为桂林堤（现称景福围睦岗段）；南段：自香炉峡绕城，东抵羚羊峡为附郭堤；东段：横跨羚山旱峡，北接北岭，为水矶堤。全长17.29公里，分为桂林、白沙、城基、正东路、渡头村、下黄岗、羚山、水基8个堤段。共有防汛站仓9间、电动排灌站2个和大、小涵闸14座18孔，其中水闸2座、堤下通道闸7座11孔、堤下涵闸5座7孔。

这是一座与洪水较量了千百年的城市，人类用了数千年才学会在这里生存。由古而今，作为肇庆府首要的堤防，景福围直接关系到城府的安危。如史料记载：“吾邑当西江要冲，其江汇合滇黔湘桂四省之水，建瓴东下。大湾、南岸、白珠、大榄、思霖诸围分御其南，景福围独控其北，为旱峡东路各围保障，关系綦重，即以本围论，下而田园庐墓，上而城郭祠庙、衙署仓库，资拱卫焉。而绵亘五十余里，东西南三面均临大江，在与波涛为敌。每当夏秋间，一遇霪雨，上游之水暴涨，洪流奔注直趋羚峡，束咽难消，回流上拥，水益壮，围益孤，形势之险要，可想见矣。”

景福围最初修筑是在黄岗堤段，往后历朝历代知县都把堤围不断“延长”：明代堤围长度达到187.9公里，清代增至近221.6公里，民国再延至282.8公里。元代以前堤围都在羚羊峡下兴筑，明代延伸到羚羊峡与三榕峡之间，清代扩展到三榕峡以上及新兴江内新桥以上。

人们所熟悉的包拯，与肇庆水利有着一段故事。据记载，宋仁宗康定元年（1040 年），包拯由扬州天长县令调任为端州知州。当时，端州旱峡虽已开垦出一些水田，但沥水未能排干，更难挡每年的洪水。端州的百姓饮用西江和沥湖水，导致瘟疫流行。包拯决心为端州百姓治水，首先开凿水井，带领百姓打了 7 口井，解决了饮水问题，制止了瘴疠瘟疫。其次，包拯开渠筑池，将前沥水、后沥水两渠挖深，排除积水，增加耕地，另将低洼地筑成鱼塘。最后是建基围，包拯继前人于宋至道二年（996 年）在城东边构筑的基围，向西继续构筑，拟与新城墙连在一起，把西江河截于南边河道上，以防洪水再闯北边旱峡故道，但此事在包拯任内未能完成。

景福围最初被称为“附郭堤”。宋至道二年（996 年）始筑皇城围（今下黄岗堤段），此时黄岗都建有堤庵。明洪武十六年（1383 年），乡人李儒杰等增筑莲塘堤。明宣德年间，知府王全增筑水基堤。明成化五年（1469 年），黄瑜修水基堤；成化二十八年，通判宁元伯修莲塘及下蒙基、谢家基。明崇祯二年（1629 年），知县张明熙增筑附郭堤，景福围初具雏形。

那么“景福围”一名是怎样来的呢？清康熙四十年（1701 年），附郭堤的飞鹅潭段堤围出现裂崩 4 丈多，当夜黄岗圩（今黄岗）出现决堤，毁坏民舍 21600 余所，淹没田地 7900 余顷。当时的高要知县景日昣亲抱沙石，向江神誓愿以身代民命。决堤后，高要县城四门进水，灾民逃到高岗，三天三夜没有进食，景日昣用船载米赈济灾民，救活两万多人。待洪水退去后，景日昣带领百姓砌石重修飞鹅潭段堤围，大修水基全堤。堤围修复后，景日昣采用七星岩石室洞口唐代书法家李邕题字石刻的“景福”二字，更名为“景福围”。自此以后，上自桂林堤、附郭堤，下至羚山堤、水矶堤，联成一线，统称“景福围”，一直沿用至今。

传说，景福围飞鹅嘴段的一处河滩，经常有一种像鹅一样的怪物出现，白天出来抢乘船人的食物，致使船毁人亡。日益惧怕的百姓向景日昣反映了这种情况。在堤围修复后，景日昣在崇禧塔东堤围上的飞鹅嘴地段兴建了一座祠，即厚载祠，俗称飞鹅庙。奇怪的是，自从祠建好后，鹅患就不再出现了。这段历史在清雍正十年（1732 年）高要知县刘斯组修撰的《修厚载祠记碑》上也有记载。

肇庆有幸，端州有幸。史料记载，景日昣连任 5 年高要县令。到任后，景日昣立堂规、平狱冤、减民赋、治水灾、建学堂，把素以难治著称的穷乱高要，治理成经济繁荣、夜不闭户的先进县。景日昣大概是深谙治理之道的，他明白政治的含义是浚理，是消灾，是生息，是发展，他要做的事，既具体又朴实。他虽然不是本地人，但他察民情，知民意，恤民心。他知道这里最大的困扰是洪涝，所以必然要将这事作为重中之重来抓。

每每漫步在景福围，我都会想，脚下的土地并非最初就是这样的，是一代代的人将其垫高、夯实、加固，方成今日的模样。民国及以前的堤，都是以泥土为材料夯筑。到了 20 世纪 70 年代后期（约 1978 年），才用山石及碎土加固加高。这段被历代人士所珍视并为之用力筑就的堤围，又有多少感人肺腑的故事呢？

得江河之利者，大抵总免不了御洪之困。肇庆百姓自古就饱受水患折磨，为了抵御洪水，端州、高要百姓长年累月修筑江堤。可是，一旦洪水暴涨，江堤崩决，内涝外洪并发，修复工程更加浩大，导致两岸居民“岁有筑堤之苦，家无半菽之储”。

肇庆城区处于西江下游，地势低洼，而西江集雨面积大，相应洪水来势凶猛，峰高量大，历时长，历史上洪涝灾害频繁，其惨况正如清代诗人袁枚的诗歌《端州大水行》所描绘的那样：“端州夜半声汹汹，羚羊峡水围城中。天公更为水张势，排云驾雨号狂风。民庐不见见屋脊，厨灶掀舞如飞蓬。”

史载，端州最严重的洪灾在 1915 年，端州实业家苏耀宸面对景福围崩决，城内民众被围困的危难局面，亲率“河西”号汽轮，冒险从堤围决口驶入围内，拯救被困塔上、树上、屋顶上的灾民，将其安置到安全地点。他忙于救人，却未顾及自己家眷安全，以致位于塔脚内巷的家被决口冲毁，一家七口（其妻已怀孕）全部溺毙，事后连一具尸骨也未找到。但苏耀宸强忍悲痛，坚持运粮救灾，对灾民施赈粮米，他舍己为人的崇高风格广为群众传颂。

正是那些苦难生灵的不屈抗争，那面目黧黑的匠人挥汗敲筑的赤诚情怀，使这一段堤围成为有血有肉的历史，从而铸就了西江的水文化。把这一段堤围筑进历史，这段历史就像堤围一样，有了长度、宽度、高度和厚度，也有了重量与分量，因此，景福围在我心中，绝不仅仅是一道堤围，它还是端州的一段历史。

将一种纪念筑进时空

历史不只充斥着金戈铁马，也回荡着悠长的笛声，只是有时候，回声太细小，常常被人们所忽略或遗忘。

任何浩大的民事工程，从来都不是单枪匹马可以完成的。作为肇庆城区防洪的生命线，在浇筑长长的堤围历史中，有许多名字为端州人民所铭记，他们几乎都不是端州本籍人，却因对端州的奉献和功绩而名垂千古。

明万历八年（1580 年），浙江山阴人王泮到肇庆任知府，在任期间，他主持修建了跃龙窦和崇禧塔，引沥水入西江，辟建七星岩景区，为七星岩点题了星岩二十景，建“仙花寺”，支持意大利传教士利玛窦在肇庆传播西方文化。

西江洪患，伴随着古老的岁月，多少年来一直与江岸边的这座城池一次次地不期而遇。整治洪患成了历来在肇庆任职官员的主要任务。明万历九年（1581 年），王泮到任的第二年，高要发大水，淹没了大片农田，夺走了百姓的生命财产。关心水利事业的王泮痛心疾首。在整治水患时，王泮经过仔细考察，发现星湖是古时西江北水道淤积形成的“沥湖”，每逢连日暴雨，沥湖就像一个巨大的储水池，积水无法排泄，形成内涝，使端州前后同时遭受洪水围困。于是，他带领官员、百姓开挖了跃龙沟，把沥湖的水由城东石顶引流到西江，并在窦口上筑建了跃龙桥，此处至今仍被称为“跃龙窦”。跃龙沟的兴建，既减少了内涝忧患，又灌溉了数千亩农田，合理地构建了肇庆的城市排涝灌溉水系，直至今天，跃龙沟仍是端州城区的主要排污、排灌系统。

1587 年秋，王泮升任湖广布政使。王泮离任之时，肇庆百姓扶老携幼在路边送行，许多人拜倒在地上。像王泮这样深得民心的官员，造个祠庙纪念，是合乎民众心意的。不久后，肇庆百姓就在崇禧塔的西侧建起了一座“山阴王公生祠”，以纪念王泮。

清道光十九年（1839 年），飞鹅庙遭洪水冲毁。到了道光二十三年（1843 年）八月，厚载祠进行了一次修复，同时改名为“景福祠”。据悉，当年厚载祠里有一只用汉白玉石雕刻的石鹅，厚载祠被毁时，石鹅曾一度存放在山阴王公生祠内，后移存到肇庆市博物馆收藏。

景福围区每年在厚载祠举办隆重的迎神赛会活动。同时，厚载祠还是圩长、窦总的议事场所，据史料记载：“越今三十余年，圩长每岁于此议堤事……顾侯谓民事之重恃此堤，堤事之集所藉以议者此祠，祠之兴废关堤之安危。”由此可见厚载祠的重要性。

在崇禧塔景区，还有一座建于民国二十四年（1935 年）的景福围纪念亭，在车水马龙的江滨堤路旁，显得十分安静。这是肇庆水文水利史的实物见证。纪念亭如今保存完好，坐北向南，砖木结构，斗拱为钢筋混凝土仿木结构，重檐歇山顶，上盖绿色琉璃瓦，亭柱四条，檐柱四条。亭内原立有两块石碑，分别为高要县景福围民国五年修复全围纪念碑和景福围维护七十二鱼埗诸公纪念碑，现已移放在肇庆市博物馆仓房内。这两块石碑是民国二十三年（1934 年）雕刻的，记载了民国四年（1915 年）社会各界捐资修复景福围的事迹。

民国四年（1915 年），西江河水暴涨，水位高达 13.27 米，水患之大，前所未有，据《高要县景福围志》记载：“东北两江同时暴涨，下流梗塞，水无所归。加以霪雨兼旬，飓风助虐，水势湍急，溜直如箭，隔江各围，次第崩决，水势仍有加无已。”当时，端城民众众志成城，奋勇救护。但到 5 月 17 日这天，洪水“决于塔脚、继决于黄岗，再决于桂林。崩决十七口，袤延四百丈”。灾情惨不忍睹，“郡城一隅，尽成泽国，屋宇颓圮，人畜漂流，瞻乌哀鸿，触目皆是，童号妇泣”。

邑人梁赞燊等纂修于民国年间的《高要县志》上载：“该年洪水水位比清道光二十四年（1844 年）洪水水位高四尺二寸，高要县境内决堤二十五围、八十六处，全县难民十余万，受灾田地近六十万亩。”

灾后，省港救灾公所、香港东华医院等慈善团体、人士纷纷出资修复景福围。民国五年（1916 年）秋，按照民国四年洪水水位的高度，动工筑建从塔脚至东门街（今正东路）的混凝土截水墙和水闸，次年年底竣工。

到了民国二十三年（1934 年），高要县政府成立了整理围内水利委员会，筹建抽水机站。当时，广东省财政厅拨借毫洋（旧时两广等地区通行的货币）15 万元，向田塘业户殷富商贾借银 1.70 万元，购置四台德国制造的 180 匹马力柴油抽水机，用以抽排堤围内的渍水。民国二十四年（1935 年），抽水机安装完毕试机，并建造景福围纪念亭且立碑永志。

而刻于民国二十四年（1935 年）的景福围维护七十二鱼埗诸公纪念碑又是怎样立的呢？这与五君祠有关。五君祠在民国时期曾是肇庆景福围董事会的会址，祠内有不少水利碑，可惜年久日深，目前尚存碑三通，1984 年被列为肇庆市文物保护单位。然而，五君祠在多年前被拆毁，目前端州人民医院院内的篮球场便是五君祠的原址。

一代又一代的人来了，瞻望着这些坚固的石碑和筑堤的历史见证，遥想着那年月里，人与洪水搏斗惊心动魄的往事。我相信：只要景福围不塌，筑堤者的精魂就不会消散，轰鸣不息的西江水便是至圣至善的遗言。

将一种围护筑进生命

当我们还在娘胎时，便被母亲的腹部所围护；当我们出生后，便被母亲的臂膀所围护；而无论我们在出生前、出生后，还是年少时、长大后，只要我们生活在有江有海的地方，就会被堤坝所围护。这种围护就是生命的见证。它珍惜生命，体恤生命，保护生命。而这种围护是相互的，就像是景福围保护着人们，人们也保护着景福围。

你看，哪怕是性命攸关的防洪工程，也历经了无数风风雨雨，景福围的命运从来不是一帆风顺的。史料记载：

民国九年（1920年）三月，景福围增建崇禧塔脚的水榭。

民国十二年（1923年）三月，因兵燹战火，东门街堤围的混凝土截水墙、水闸均被毁坏。

民国十三年（1924年），东门街一带的泥基加高培厚，改成马路（今正东路）且作为堤围，并拆毁古宋城墙的雉堞，化城墙为堤基。

民国十七年（1928年），加高镇南路（今阅江路），使之与正东路为同一水平线，亦路亦堤。

邑人梁赞燊等纂修于民国三十六年（1947年）的《补修高要县民国志稿》云："民国七年夏，淫雨大水，景福围内塱水大涨，杂粮作物被淹。民国十七年，景福围内塱水涨，全围田禾被淹浸……"

新中国成立后，肇庆人民保护、传承、巩固和扩展前人留下的主要防洪体系——景福围，多次对其加高培厚，加砌防浪石墙，使其堤顶高达13.6～14.2米。20世纪70年代末80年代初，为保护江滨一带民居及厂矿，沿江边从旧火柴厂西起，东至崇禧塔，用山石、水泥沙重新筑一条江堤，现在的江滨路就是在其基础上扩宽、加高而来的。20世纪80年代，景福围、广利围、丰乐围等连成省内著名的十大堤围之一的景丰联围。

景福围是端州城区50多万人的保命堤，近年对堤路升级改造取得实质性的变化，消除了西潦之忧，造福一方人民。景福围堤段于1989年开始在广东省内立项，分四期分别进行加固。经过对江滨堤路的升级改造，全长17公里的景福围更加牢固，对保障肇庆经济社会发展起到了极其重要的作用。

千百年来历经数不清的洪水考验，但景福围始终日日夜夜守卫着端城百姓的安危，贴近着大地，造福着苍生。

历朝历代的官员都将修筑景福围作为一大政绩工程，有景日昣修筑景福大堤、王泮开凿“跃龙窦”、高要水利委员会筹建抽水机站……尤其是经过最近20年的建设，景福围的防洪标准已大大提高，先后经历1994年、1998年、2005年三次西江特大洪水考验，未出现重大险情，为保障肇庆城区人民的生命和财产安全做出了巨大的贡献。

尤其值得一提的是，于1989年2月20日动工，1993年6月8日竣工，堤长5.7公里，工程投资4745.47万元的肇庆城区江滨堤，加固设计堤顶宽28米，是广东省第一条融滨水景观、交通、防洪于一体的堤路结合的防洪堤。该堤段于1993年加固完成后，于1994年夏天首次成功抵御近百年一遇的西江特大洪水的袭击。历史是最好的见证，事实是最有力的证明，水利作为基础产业的地位只能加强，不能削弱，水利设施有着其他设施不可替代的巨大的经济效益和社会效益。

肇庆市西江沿岸是纳入国家发展规划的西江走廊的重要发展区域，也是肇庆市最主要的经济带。西江沿岸千亩以上堤防达标加固及其泵站重建，对保障肇庆市经济社会发展具有特别重大的意义。

自1994年6月20日肇庆遭遇特大洪水（高要水文站有实测记录以来最大洪水13.62米）之后，肇庆市委、市政府不断加大对城区江滨堤乃至整个景丰联围加固建设的投入。从1995年至2012年，肇庆市委、市政府对景丰联围全长47公里的土堤和沿线8座排涝泵站进行了加固或重建，总投资超过10亿元。按照广东省水利厅的说法，现在景福围的防洪标准，加上上游广西几个大型水利工程的调节，景福围可达到百年一遇的洪水防御水平。

发展至今，景福围除具备防洪的功能外，还集观光、骑游等多功能于一身，其面貌正变得多姿多彩。2017年下半年开始动工建设的江滨堤升级改造工程分为路面改造、防洪工程和景观整治三部分，其中，路面改造和防洪工程已于2018年交付使用。

西江江滨堤河岸段曾经杂草丛生，到处是脏乱差的景象。2019年9月，肇庆开始启动江滨堤景观整治工程，结合“一江两岸”整体城市景观，在满足防洪要求的基础上，打造了西起西江南路，东至羚山，全长10.5公里，总占地面积约8万平方米的江滨堤景福段碧道。通过增设小广场、活力道、亲水步道、亲水平台等，打造江滨风光带、亲水生态环境，满足了市民休闲、游乐、观光的需要，推动肇庆市从环湖城市迈向拥江城市，使其成为展示城市魅力的重要窗口。

对于肇庆江滨堤路，对于高大雄厚的西江堤，那每天华灯闪烁、车水马龙、绿树红花、江风吹拂的漫漫风情，许多人是再熟悉不过的。平时，人们走在稳固平坦的江滨堤上，也许感觉不到一条堤围的重要性，只有当身陷险境，困于洪潦时，方才觉出这捍卫肇庆城区最重要的水利工程之必要。

对于堤围的重要性，端州人已经有了深刻认识，因为它已经深深融入了我们的生活，并篆刻进历史。当别人谈起这段历史时，我发现，人与自然的和谐，并不能仅仅顺其自然，而必须以某种途径、某种方向加以疏导，才得以共存，相互恒久。

景福围只知奉献，带给人岁月安好的生活，绝不炫耀，像毫无所求的母亲，占据了辽阔的空间，还实实在在地占据邈远的时间，将稳稳地造福端州人民，庇护着这一方水土，朝朝暮暮，岁岁年年。

2020.11.08

系在羚羊峡上的魂

羚羊峡历史杂草丛生

羚羊峡之得名，与一个传说有关：相传广州的五羊本是六羊，因仙人鞭羊过此峡山，东下广州时，见这里山川秀美，便将一羊放下，而得名羚羊山。古时在羚羊山东南和西北两面都是西江河道，构成两个峡谷，称为双羊峡。

据记载，唐朝时，羚羊山西北峡谷淤塞，成为旱峡，东南面峡谷被称作零洋峡，后改洋为羊，称零羊峡。唐宝历元年（825年），端州司马李绅的继任者王化清在《游石室新记》中首次写作“零羊峡”。李绅正是以《悯农》一诗流芳千古的唐代大诗人。

羚羊峡，地处肇庆“西江小三峡”（三榕峡、大鼎峡、羚羊峡）的下游，两岸是羚羊山和烂柯山。自古以来，因舟楫之便，西江流域民众常驰骋于辽阔的江河与大海之上。“西江小三峡”作为“出海进原”的关键流域，是先秦、两汉沟通中原和岭南的重要航道，秦始皇征讨百越、汉武帝安定南越均经此水道。

从汉武帝到东吴永安七年（264 年），岭南首府设在肇庆封开近 4 个世纪之久。作为中央集权在岭南地区的行政中心，自然成了岭南文化和中原文化交汇的中心，这里更是岭南最早的海陆丝绸之路的对接点。

羚羊峡，素以涧深壑幽、树木苍郁、漩涡飞遏享有“华南第一峡”的美誉。“交广咽喉路，中流见峡迎。果然天设险，不似地空平。”这是清初“岭南三大家”之一的著名诗人梁佩兰在《羚羊峡》一诗中描写的羚羊峡的景象。今天，人们徐步羚羊峡，无不感叹这里的“一夫当关，万夫莫开”之势。“居高而扼要”，这就是“高要”得名的由来了。

明代以前，羚羊峡古道为纤夫踏成，断断续续，行走不便。明正统十三年（1448 年），高要知县陆驹乘船经过羚羊峡，他看到纤夫“寒天撑舟，涉足江流”的艰辛，遂在古道坑堑筑桥，以便商旅、行人、纤夫等行走。明万历十年（1582 年），当地重修羚羊山古道，改名为“峡山旱路”。明万历三十九年（1611 年），83 岁高龄的高要进士陈一龙集资重修古道，他指挥民工 70 余人，开山凿石、填坑，架桥 13 座，历时 9 个月，才把羚羊山古道修得宽阔顺畅，又在后沥设“义渡”，使水陆沟通。古道修建工程完工后，陈一龙将它定名为“羚峡旱路”，并亲撰羚峡路碑文，以示纪念。明天启四年（1624 年）秋，高要水坑人孙麟贞重修峡路并立碑。清乾隆三十八年（1773 年）春，合族重修原碑。

进入近代，由于年久失修、草木丛生、居民乱采山石等，羚羊山古道逐渐破败，龙门茶亭也倾圮。民国八年（1919 年），吴远基、罗次唐主持重修纤路、桥梁及茶亭，并立重修峡路记碑。但这已是羚羊山古道的回光返照，随着战乱和近代机器轮船的兴起，特别是到 20 世纪 50 年代，肇庆修通了通往广州等地的公路，羚羊山古道逐渐荒废，被人遗忘。

近现代以来，机器轮船取代了传统以人力为动力的船只，拉纤撑篙已经成为历史，羚羊山古道作为纤路的功能已经基本丧失。公路乃至铁路等现代交通设施的兴建，更是造成羚羊山古道的最终荒废。加之沿途地质条件塑造的巉岩陡崖、残路冷涧，除了户外探险旅游、林场工人巡山外，羚羊山古道虽然与端州城区近在咫尺，但基本已经成为人迹罕至的地方。

今日羚羊峡焕发生机

自 2015 年 11 月 25 日正式动工建设，到 2016 年 9 月 28 日羚羊峡古栈道森林公园开放，经过建设者 300 多个昼夜的连续奋战，沉寂多年、隐于历史深处的这条历经数百年的进肇古道，终于徐徐向人们揭开面纱，展示其最迷人秀丽的“江、山、峡”一体的自然风光与深厚久远的历史。这背后既凝结了肇庆市委、市政府构筑绿色蓝图的超前智慧，也倾注了建设者们的辛勤汗水。

肇庆何其有幸，有如碧练般的秀美西江环绕，受其滋养，得其哺育；肇庆人何其有幸，一道蜿蜒的羚羊峡，使家门口的这道景致平添了多少深沉与厚重。

羚羊峡古栈道森林公园谋划建设开始，如何既重塑古道痕迹，又全方位展现良好的江峡生态，把这个集自然风光与历史文化于一体的绿色宝库充分保护和利用起来，成了公园协调开发与保护的焦点所在。羚羊峡古栈道森林公园建设一开始就按照“在建设中保护，在保护中提升”的理念，坚持生态保护、自然野趣、人性化和本土化的原则，以自然山水为骨架，以古道痕迹为亮点，保持和修复羚羊山及周边的生态植被和历史古迹，同时充分挖掘公园不同分区的特色，全面促进施工与公园协调相融，人与自然和谐互动。

只是展示羚羊峡的风光之美已经很好，但若有厚重的历史底蕴和文化内涵作为点缀，无疑是锦上添花。而且，千古羚羊峡不仅是大自然赋予肇庆人独特的生态资源，更是历史对肇庆这方水土的厚爱。斑斑古迹，沉沉历史，是系在羚羊峡上不能丢弃的魂，要更好地保护起来。

对历史研究情有独钟的李如喜一直以来都关注并研究着羚羊峡，“十年来，一有时间，我就去羚羊峡寻古探幽”。在李如喜看来，肇庆历史文化底蕴深厚，旅游资源丰富，而作为旅游城市，肇庆的诸多“瑰宝”尚在沉睡，令人惋惜。他指出，《简明知识词典》录入我国五个著名山峡：长江三峡、虎跳峡、刘家峡、三门峡、肇庆羚羊峡。可见，羚羊峡魅力非同一般。

羚山寺、摩崖石刻、古亭、路桥碑、古猿洞、古炮台、古战壕、古桥、古道等历史文物，无一不在诉说着羚羊峡的故事。“这些都是肇庆独有的、不可复制的瑰宝！一定要让历史说话，让文物说话，只有开发羚羊峡，才是最好的保护！”李如喜如是说。

盯上羚羊峡后，李如喜多次提出活化利用羚羊峡的建议，但收到的答复多不尽如人意。“不甘心”的他不厌其烦，连续多年撰写了十几条相关建议。当他发现羚羊峡重要文物——“增修羚羊峡桥路碑”被盗后，不顾个人安危，两次报警，最终引起了市委、市政府的重视，将羚羊峡的开发纳入了2016年肇庆十件惠民实事之一。从一个对肇庆不甚了解的异乡人到对肇庆了如指掌的“新肇庆人”，李如喜的仗义执言，为得到一个满意答复的不依不饶，彰显了一名优秀人大代表履职尽责、勇于担当的风采，更凸显了他作为一名新肇庆人对肇庆的热爱。由此，羚羊峡古道终于“重生”面世了。

深厚的古道历史文化是羚羊峡古栈道森林公园的一大特色。按照“在保护中开发，在开发中提升”的设计原则，对古栈道的修复建设无疑是开发保护工作中最先考虑的一环。羚羊峡古栈道森林公园现存的古栈道主要分为土基路和岩石路。由于古道年久失修，加上江边自然倾塌，公园内还保留着的岩石古道为数不多。为最大限度地保留古栈道，建设者们想了不少办法。按照《肇庆市羚山生态森林公园规划》“修旧如故”的原则，建设者们采取加固路基和加固古道上方山体等措施，最大限度地保留古道文物和周围环境的原始风貌：对于较为完整的古栈道，则采用“除草清泥”的办法，尽量保留岩石古道原貌，土基路则铺设毛面青石板路面；对于途中因山体崩塌而消失的古栈道，将采用重新挖填路基或做架空栈道处理。

依托羚羊山，临西江开发建设的羚羊峡古栈道森林公园，整个布局呈东西狭长结构，里面只有一条狭窄的栈道穿过，而且山体经常有“动石”滑落，这无疑给古道施工带来极大困难。为解决这些问题，施工方选择了“先用水载、再换马运”的办法，确保工程材料及时运输，另外实施了人工清排“动石”、设置拦石网、坡面植草、建护脚挡土墙、修止水沟等护坡措施，全面确保栈道通行安全。

为加快羚羊峡古栈道森林公园建设进度，施工方常常抢抓好天时，起早贪黑地赶工。天气好时，整个羚羊峡古栈道森林公园施工现场有 9 个班组，将近 200 人同时施工作业，而吃喝住都得在栈道施工点就地解决。另外，公园还按照“两头推进”的办法，从羚山涌和黄村两个广场入口推进建设，并请来多个骡马队运输材料。人们往往只记得景色的壮美，建设过程之艰辛和曲折却随时间而被慢慢湮没。但是没有东西是凭空而来的，只有记住那些为美景而辛劳付出的人，才是珍视人类的创造和智慧。

羚羊山向来有着“裴公十九桥”之说，目前在公园绵延约 10 公里的古栈道中，有迹可循的只有 18 座，且绝大多数已被毁坏，只剩下桥墩或原料石。公园建成开放之初，我曾全程走过。在距离公园牌坊 1 公里左右的白泥坑位置，我看到古桥之一的上白泥湾桥已修好桥面和桥墩，桥面所用材料与新修古栈道的花岗岩石板一致，而桥墩所用材料主要为旧桥石料。

摩崖石刻、碑刻构成了羚羊峡古栈道中重要的文化元素。位于清风阁景观节点的摩崖石刻，下龙门景观节点往东 1 公里处的碑亭以及清风阁摩崖石刻保护标志牌西南 50 米处的两根修峡石柱，是公园内重要的人文景观。如何做到保护之余又“修旧如旧”？肇庆市国土、环保、住建、水务、规划、林业、文广新局等多部门联合，按照职责主动协同解决项目建设过程中的困难和问题，使羚羊峡古栈道森林公园这一当年十大惠民工程得以顺利推进。

清风阁摩崖石刻已于 20 世纪 80 年代被列为市级文物保护单位，对其修复严格执行市级文物保护单位的规定，不在文物保护线范围内进行施工建设。而清风阁观景平台也搭建在摩崖石刻以外至少 9 米处，且不会影响在西江坐船的游人对摩崖石刻的观赏或拍摄。工程还对摩崖石刻所在山体的松动岩石进行加固除险，对山水做分流西江处理。另外，整个石刻表面岩体做防风化处理，并定期进行杂草清除，在石刻周围修建了护栏，设置了警示牌，禁止人员靠近。

另外，建设过程也处处体现出规划建设者的用心，最大限度地保留历史遗存。公园内原碑亭的路碑已被盗走，只剩余几根散落亭柱和一块原碑基石。建设者根据现存的建筑构件，于原址上重建碑亭并依据拓片重制碑石。另外两根“修峡石柱”也进行原址保护，架设栏杆阻隔游人，以减少人为的触摸或破坏。

就这样，在建设者用心用情之下，沉睡的羚羊峡被唤醒了。被唤醒的羚羊峡，不仅唤来了如同浪花一样多的普通游客，也让一些名人相继慕名前来。羚羊峡对所有人一视同仁，如同峡上的每缕阳光一样。

羚羊峡精神魂系西江

系在羚羊峡上的魂是什么？是漫长的历史，也是坚韧的精神。是人对自然的顺应与征服，也是人对暴力的不屈与抗争。梁启超曾在《世界史上广东之位置》中说：“广东人于地理上受此天然优胜之感化，其剽悍活泼进取冒险之性质，于中国民族中，稍现一特色焉。”千古以降，肇庆人逢山开路，遇水架桥，不畏险途，迎难而上，羚羊峡古栈道森林公园的活化与修筑，就体现出肇庆人坚毅果敢、务实求进的精神。

峡山古道上刻有大字“石柱扶倾，修峡功成”之系缆石，其小字“道光壬寅”，讲述的是清道光年间邑人冯训、梁以时等人修复羚羊旱道路桥的善举。

作为千百年来西江黄金水道的重要辅助——纤路，羚羊峡古栈道内还保留着多处纤痕和篙坑。徐徐漫步羚羊峡古栈道，人们会被崖壁上近百道的长短、深浅不一的纤痕所吸引，而在该石刻位置右下方靠江的岬角岩石上，则可见大小不一、零星分布且呈圆孔状的篙坑。这些历史的遗迹，记录下西江航运史上的悲歌和艰险，令人感叹不已。

清代李良骥曾有诗描写羚峡归帆，诗曰：“几叠风帆挂夕阳，万重云嶂锁羚羊。山围江口容孤棹，天压潮头露短樯。岚影夹船春水绿，林坳系缆暮烟苍。望夫石畔人如在，更睹归帆桡断肠。”古端州八景之一的“羚峡归帆”远近闻名，每当夕阳西照，波光帆影，水天一色，如诗如画。

有人说：“‘峡山旱路’为古代船只逆水而上时，纤夫挽船入峡必经之路。沿岸的古栈道和岩石上的纤痕见证着千百年前纤夫的艰辛和西江水运的繁华。然而，耐苦与坚忍，并不是西江流域纤夫精神生活的全部。”我觉得逆流而上，毫不松懈，是纤夫精神的象征。对抗自然，面对困厄，勇敢坚强、积极乐观，这也是纤夫积极向上的人生态度的体现。纤夫也许并未意识到他们将生命与意志勒进石头，千百年后，那些纤痕与篙坑却成了历史。当他们的生命化为灰烬，那些纤痕与篙坑却在昭示他们曾经顽强不屈的生命。生前默默无闻的他们，死后终于与发起修桥筑路的富贵达人自然相对。能够消弭贫富差距的，只有江上的秋风，以及与江风一样消逝的时间。

孙中山先生曾在《留别粤中父老昆弟书》中有言：“吾粤之所以为全国重者，不在地形之便利，而在人民进取性之坚强；不在物质之进步，而在人民爱国心之勇猛。”就“进取性之坚强”而言，以上提及的耐苦坚忍、逆流而上、毫不松懈、对抗困厄、勇敢乐观就是其鲜明的表现。而这些“进取性”正如大江东去、大浪滚滚一样大气磅礴，也如千百年来深刻石上的纤痕与篙坑一样奋勇有力，成为与大自然一样源远流长的精神，流露出一种充沛的生命力与不屈的生命意志。

清代进士冯敏昌赋诗《羚羊峡》云：“羚羊峡前水渺茫，羚羊峡口烟苍苍。一处猿声一峰雨，随意客船山寺傍。”历史的西江已经流走，而随其流过的文明却依然需要我们用心去传承。

而这，才是系在羚羊峡的魂。

2019.11.02

河长啊，河长

初听河长这个名字时，我颇感好奇。根据相关资料，我关注了三个河长。

莫敬荣是德庆县官圩镇红中村委会支部书记，也是西江一级支流马圩河支流沙河红中村段河长。沙河红中村段长 3.4 公里，宽约 6 米，不大也不小，两岸少建筑物，管理难度不算大。身为河长，莫敬荣每周至少巡查 1 次，拿着长钩和蛇皮袋，见到垃圾就清理，一个来回要两个小时。清理工作相对容易，但提高村民的爱河意识就比较困难了。以前村民习惯把垃圾倒到桥底河道上，哪怕后来设置了垃圾桶，仍有不自觉的村民把垃圾倒进河里。在各地大兴新农村建设以来，村容村貌有了很大的改善，但仍有个别村民无视河边的提示牌，不愿意多走几十米，而是直接把垃圾丢到河里。

很多时候，莫敬荣看到了，就会上前制止，并进行劝导教育；更多时候莫敬荣没有看到，他只好挨家挨户上门宣传爱河、护河政策，引导鼓励村民爱护美丽家园。

红中村总人口两千多人，莫敬荣当上河长后得罪了不少村民，相当一部分村民后来还是表示理解，认为严格管理都是为了大家好。有个村民喜欢翻找垃圾桶，从中寻找有用的东西。可他每次都会把垃圾倒在地上，有时候还会把垃圾直接倒到河道里。经过莫敬荣多次不厌其烦的劝导，他也有了改变，他依旧翻找垃圾桶，只是不会随意丢弃垃圾了。说到村民的变化，莫敬荣面露喜色，他的努力收到成效了。

沙河有了河长，良好的变化广受村民称赞。村民曾东桥回忆，以前河道里满是垃圾、杂草、树枝等，有时候部分河段都看不到河水，上面漂浮的全是垃圾，有装有垃圾的塑料袋、婴儿纸尿裤等。如今，河道清洁多了，鱼儿也多了。

河道变美了，莫敬荣看在眼里，喜在心中。虽知提高村民文明意识之路漫漫，但莫敬荣还是暗暗下了决心，要持之以恒，以宣传教育提高村民文明意识为主，同时定时清理河道。针对河水稍微上涨就会淹没桥面，既影响群众通行，又存在安全隐患的问题，莫敬荣想，除了要再次疏通河道，还要向上级部门反映，争取他们的支持。

莫敬荣，以一个村级河长的身体力行，来努力提升村民文明意识。他的苦与乐，正是肇庆市于 2018 年聘请的 174 名民间河长和河道警长尽责履职的缩影。

2017 年 7 月 15 日，肇庆市印发了《肇庆市全面推行河长制工作方案》，明确了河长制实施范围、组织体系、河湖管护目标、主要任务和保障措施等。《方案》的印发，给了河长们真抓实干、敢于较真碰硬的底气。仅 2017 年，肇庆市各级河长共 2070 人巡河次数达 5599 人次，共发现问题 2172 个，且件件落实到位。其中，市级、县级河长发出督办函分别为 9 次、44 次，督办问题已全面落实整改，其中不乏“啃下硬骨头”的突出案例。

肇庆的河湖，具有点多面广的特点，日常的河湖管护工作量大，加上管护执法力量薄弱，执法力度不足，一些基层河长对河长制工作还不够重视，而且部门联动不够，存在着“单兵作战”现象，导致河湖管理保护工作面临不少困难。为激发广大群众共同参与到河湖管护工作中，同时强化河湖管护的执法力量，肇庆决定在全市范围内公开招募一批民间河长（公益性志愿组织），以及对应全市河长体系，分别确定市、县公安机关和公安派出所三级河道警长，协助河长开展工作。

2019 年 10 月 12 日上午，肇庆市河长办组织举行市民间河长、河道警长聘书颁发仪式，向 25 位市县级民间河长、河道警长代表颁发聘书，至此，肇庆境内的 12 条一级支流，27 条千亩以上堤防，26 公里 18 处险防，都有负责人站岗守卫。

肇庆市广播电视中心的卓越，受聘为肇庆市级民间河长。对于这一职务，了解的人并不多。平时，卓越十分注重环保，也特别关注肇庆河湖生态健康。他说，能成为西江的一名市级民间河长，他深感光荣，同时责任重大。因为有这层身份，他平时外出时会格外关注西江的水体保护情况，包括注入西江的河涌。一次途经羚山涌，他发现沿涌散发出难闻的气味，结合居住在附近的居民反映，他及时向市河长办反映，希望能找到原因并及时解决，得知原因和解决方法后又及时反馈给市民。喜欢运动的卓越，平时有去羚羊峡古栈道和江滨堤走走的习惯，他比较注意西江水质，会留意有没有水体污染和偷采沿岸砂石现象，但所幸在城区段还没发现过。

卓越说："守护河湖健康是每一位市民义不容辞的责任。接下来，我将肩负起民间河长应有的职责，积极参加到保护西江母亲河的各项宣传、监督等工作中，并带动身边人一起投入保护河湖的行动中。"

"民间河长"不仅仅是多了一个名头，更是社会共治的管理创新。那么，民间河长主要做什么呢？他们负责对河湖进行巡查，对偷排偷倒、非法采砂等违法行为及时举证上报，同时负责全面推行河长制、湖长制的宣传工作，收集群众对治水护水的意见和建议，搭建起政府与群众在河湖管护工作中的沟通桥梁。河道警长则主要负责严厉打击各类危害水环境的违法犯罪行为，并持续开展涉及水事纠纷排查调处和巡逻巡查工作，切实为水环境综合治理提供服务保障。"聘请民间河长、河道警长是肇庆市坚决落实中央、省关于全面推行河长制湖长制决策部署的具体行动，也是肇庆市贯彻落实生态文明理念的具体举措。"肇庆市河长办有关负责人表示，希望通过民间河长、河道警长发挥管河护河的监督、宣传作用，带动更多社会力量参与到全市管河护河工作中，共同守护这一方绿水青山。

近年来，面对经济增长和环境保护的矛盾不断加剧，取舍之间，考验的是决心、勇气和担当。党的十八大以来，绿色发展的理念日益深入人心，建设美丽中国的行动不断升级提速。继"生态文明建设”写入党章后，大量明晰、可操作的生态环境保护细节，首次出现在十九大报告中。“绿水青山就是金山银山”的发展理念，被细化为多方面的具体部署。一个天蓝、地绿、水清的大美中国，正在重回身边、重现眼前。

2016 年 12 月 11 日，中共中央办公厅、国务院办公厅印发《关于全面推行河长制的意见》，河长制正式上升为国家战略。2017 年 11 月 5 日，肇庆市全面推行河长制工作领导小组办公室揭牌，标志着肇庆市河长制工作进入实质运行阶段。

12 月的肇庆进入了枯水期，常年奔腾的西江，水位开始下降，但对于肇庆市 2000 多名河长来说，依旧不容松懈。

肇庆市端州区城西街道清风社区的党委书记、居委会主任吴志明，是西江肇庆河段堤下 1 号闸到黄巷穿堤涵村段的河长，他所负责的河段全长 1200 米，终年有 3000 吨级的货轮往来不息。同时，清风社区汇聚了端州区 70%的渔民，因而吴志明的工作情况更加复杂。

吴志明对所管理河道的情况十分熟悉，“这个河段周围没有工厂，所以水体污染、偷排的情况并不严重，但是卫生问题还是常发，目前仅依靠社区的清洁人员进行清洁，希望‘一河一策’的措施出来之后，在更多部门的联动之下，能够更好地处理这些问题”。

“河长的工作，就是把这个河段管好嘛，”吴志明笑言，“还有之前台风‘天鸽’到来的时候要通知渔民撤离、协助渔船靠岸、观察河道变化等，日常也要做好每月两次的情况汇总。工作虽琐碎，但每一步都是为了使河道逐渐变好。”

一张张责任网逐步覆盖河湖。目前，肇庆市逐步构建起以党政领导负责制为核心的河长湖长责任体系。据了解，全市境内有 247 条河流、1 座湖泊、742 个山塘、353 座水库。肇庆市河长湖长基本实现了全覆盖。截至 2017 年 12 月 1 日，全市已设立各级河长 2041 名，其中市级河长 7 名、县级河长 65 名、镇级河长 531 名、村级河长 1438 名。全面推行河长制，四级河长齐行动。2019

年1月至今，2000多名市、县、镇、村河长巡河119672次。他们脚量目测，不留死角，对心中的“河”了如指掌……日复一日，积小成大。

五江一湖，孕育肇庆。目前，全长220多公里的西江肇庆段水质均保持Ⅱ类标准，为全国水质最好的河流之一。全市集中式饮用水源地水质100%达标，省控断面水环境功能区水质达标率100%，跨市断面水质100%达标。这些数据的背后是一个又一个像吴志明一样的河长在努力，更是各级政府在全力支持。

曾经的羚山涌污水横流，但经过大力整治，如今显现于市民眼前的，是“水清岸绿，鱼翔浅底”的景象，长约2.6公里的羚山涌碧道公园已成为肇庆碧道的品牌。而这，恰恰得益于日臻完善的环保制度以及“河长制”的双重防护。

河流管得好不好，群众说了算。肇庆市在辖区内各河流显要位置均设有“河长公示牌”，接受社会监督。日常生活里，市民可以通过公示信息、手机App、微信公众平台找河段所属河长进行投诉，处理效果将直接列入河长的考评之中。

随着秋冬季节来临，西江水位逐渐下降，肇庆阅江大桥南岸的西江江面露出了一片片的沙洲，沙洲上还长出了水草和芦苇等水生植物，形成了一片茂盛的江边湿地。

这片湿地不仅吸引了不少肇庆市民前来游玩、钓鱼，还引来了一群优雅高贵的“游客”——小白鹭。蓝天白云下，数百只小白鹭翩翩飞舞于江面与大桥间，成为阅江大桥如诗如画的一景。这群来这里休闲觅食的小白鹭或突然展翅高飞，或静落江面嬉戏，或在青翠的水草中觅食，悠闲自得，完全是一种“万类霜天竞自由”的生命状态。

白鹭对环境要求很高，它们来这里觅食嬉戏，得益于肇庆市近年来不断开展的环境综合整治。全面推行河长制，科学系统治理水环境，使西江的水质越来越好，西江正朝着“水更清、景更美、环境更亮丽”的目标不断迈进。

2019年10月28日，生态环境部公布2019年1～9月地级及以上城市国家地表水考核断面水环境质量排名，肇庆名列全国第17位。

但河流治理非一日之功，河长制能否实现“河长治”，制度保障是关键。《关于全面推进河长制的意见》明确，各级河长肩负水资源保护、水域岸线管理保护、水污染防治、水环境治理、水生态修复、执法监管等六大任务。要求坚持问题导向、因地制宜，统筹上下游、干支流、左右岸，实行一河一策、一湖一策。这一行动指南已在肇庆的江河之间逐步铺开。

肇庆市制定2018～2020年行动计划，各相关专项行动正在陆续开展，“一河一档”“一河一策”的编制工作正在有序进行。进一步压实各地河长湖长责任，加强管理体系建设，真正发挥河长制、湖长制的作用，推动河湖水治理工作取得更大成效，以市水务局为牵头单位的河长制相关责任部门，正为实现“河畅、水清、堤固、岸绿、景美”的总目标而不断努力。

在河长制的规定中，包括水资源保护、水安全保障、水污染防治、水环境改善、水生态修复等在内的8大项24小项考核指标所考核的不仅是全市2000余名河长，还落实到各协同单位。这也意味着这一常规化的制度将彻底摆脱以往“众人管变没人管”的整治状态，将大江小河从阶段性的“整治”过渡到长期性的“巡查”，最终达到常规性的“管理”。

情浓于水，河湖共治。河长，一个美丽的名字，仿佛责任人成了河湖的家长，为了河湖的健康成长含辛茹苦，无私奉献。“河畅”是为了船只的安全，“水清”是为了环境与饮水的安全，“堤固”是为了人们的生命安全。有了这些安全，才有了“岸绿”与“景美”。中国式的天人合一，人与自然的和谐，在“河长”这个美丽的名字中，体现得分外鲜明有力。

在古代的传说中，每条河都有河神。从小到大，从古至今，我们对河神的传说可谓耳熟能详。虽然说，河长制是生态意识、环保意识增强的表现，但在我们制定这个制度的时候，潜意识里有没有受到神话传说的影响呢？虽然这近乎幻想，但是我们也希望传说中的河神化身为现实的河长，能以人与神的双重力量，将西江变得更加美丽。

2020.10.04

燃灯者

初冬的下午，西江航道封开航标与测绘所德庆航道站对开处，和暖的阳光洒落在江面上，如铺洒开一江的金光，鸥鸟点点，清风习习。

隔江望去，对岸的楼宇屋舍清晰可见。近处，从航道水域驶过的船只所发出的沉闷马达声，听起来分外清晰。

一艘编号为“粤标巡 310”的快艇，正缓缓驶离德庆航道站的简易码头。

航标

50 岁的德庆航道站站长黎建能，驾驶着这艘通身白色，长 12 米、宽 2.75 米，功率 122 千瓦的工作巡查艇，正在西江上进行日常的航道航标检查工作。此时，在德庆航道站的大本营——航道管理船（粤标 317）上，年轻壮硕的水手许志聪正在粉刷一新的墨绿色甲板上半蹲着认真整理缆绳。他们的大本营，趁着一年中的好天气来了个大维护，不仅甲板刷油漆，船内的各种设备也都检修了。油漆的气味弥散在这个温暖的午后，这是属于西江航道人一年中最平静快乐的时光。

顺流而下，航道左侧的灯艇是白色的，右侧为红色的；左岸是绿光，右岸为红光，此外还有沿岸标、示位标、过河标、专用标等十余种，标示航道的方向，指示船舶沿该导线标示的航道航行。

按“内河助航标志”标准，规定了每种标灯的种类、功能、形状、颜色、灯质、图例及配布原则等，这些只有航道人员和训练有素的船员才懂得。

随船的轮机员范杰文以及水手邓盛，在船舱里向外认真地检查着这些他们再熟悉不过的航标——德庆航道站管辖的从大角至南江河口共 44 公里的西江航道上，这样的航标有 54 座。

快艇停靠在一座航标旁，黎建能和同事登上航标的载艇，把手上的抹布放到江水中稍稍浸湿，然后细细地擦拭着航标的标体和顶上灯具上的尘埃。这是一盏 Hb155 型号的标灯，晚上闪烁时，船舶能从一盏标灯看到次一盏标灯，需将其按照《内河航道维护技术规范》《内河助航标志》《广东省航标管理办法》等要求进行维护，确保航标标位正确、发光正常、颜色鲜明、外形完好、结构牢固。

说到航标，没有在水路上行走过的人或许会很陌生，可对于航标员来说，是再熟悉不过了。现在西江的航标多为灯船，也就是形状如小船，其上装载着顶标和航标灯，在西江航道上能发光并发挥着指示作用的一种特殊浮标，具有良好的耐波性和水密性，是船舶在内河安全航行的重要助航设施。内河航标的主要功能是标示内河航道的方向、界限与碍航物，揭示有关航道信息，为船舶航行指出安全、经济的航道。

西江上的灯船很醒目，两侧标注着清晰的船名。灯器装在灯艇顶部，且使用特定的灯质，还装有航标遥控遥测系统，对航标灯船进行实时定位追踪等。与普通灯浮标相比，灯船具有体积大、日间显形效果好、夜间灯光亮且射程远等特点，导航助航效果显著。

灯船的应用已有很长的历史。1311 年，我国在江苏太仓刘家港西暗沙嘴设置两艘标志船，竖立旗缨，引导粮船，这算是灯船的前身。灯船默默地在重要的水域位置为船舶航行安全保驾护航，堪称船舶的“江河守护神”。

当日 16 时，黎建能他们观测到的德庆航道水位是 0.99 米，这意味着随着枯水期来临，这次出航仅是例行的航行巡查，暂无须转移航标或临时抛设标志。

航道工，是在中国传统的“三十六行”里找不到的行当。德庆航道站目前只有 9 名职工，其中过半是编外合同工，日常航标维护工作仍然非常繁重。

也许是数十年与一条沉默的大江打交道的缘故，黎建能的话很少，但他举手投足间却很有力量。这样的力量，来自对自身使命的坚守。

在此之前的好长一段年月里，西江航道人职业生涯的大部分时间，所能接触到的航道维护工具，仅仅是一条小板艇和几十盏煤油灯……

一条没有航标的河流，算不上真正意义上的航道。航标以及航标工的存在，就是船舶航行的安全保证。这个道理，任何一个大江上的跑船人都懂。

俗话说，“宁欺山，莫欺水”。在大江上航行，船舶容不得半点闪失。船舶在航道上航行，全靠航标辨别航行的方向，夜航的船舶更少不了发光的航标。而在 20 世纪 90 年代，由于江河没有得到很好地渠化，航行条件差，险滩多，需设置的航标也很多。

1949 年前，西江及其支流没有航标设施，船舶夜航时由船民雇请渔民悬挂油灯做信号，或凭经验摸黑航行。过去，航标使用的是三角灯、风灯，用煤油作为燃料，这些航标上盏盏昏黄的煤油灯，折射出在艰辛的年代里，航道基础设施的落后，也映照出航标工工作的艰苦，以及他们对航道事业的奉献。

有人说，江河航道上的航标，相当于公路上的交通标志，但黎建能觉得航标的重要性更大，“少了交通标志，公路上的情况，司机凭肉眼还能观察得到，但航道上缺了航标，水下状况是谁也看不到的，而一旦江河上出险，人命关天啊！”

守滩

已从岗位上退下来 9 年的李汉生，是西江航道局封开航道分局（现广东省西江航道事务中心封开航标与测绘所）的航标员。从 1970 年开始，他就在西江上守浅滩，护航标，战洪水，引航船，将自己的热血和青春都奉献给了滔滔西江。

从德庆往西江上游，属于山区航道，浅滩多、石坝多、礁石多，水位落差大，著名的“西江四滩”（界首、蟠龙、新滩、都乐）全在该河段。

枯水期，沙淤石裸，船舶经此往往会搁浅塞航；丰水期，河水暴涨暴落，航标锚断标移时时发生。李汉生就是这样和他的同事，在枯水和丰水的轮换周期中，绘就了一幅西江的活地图，奏响了一曲“点燃自己，照亮他人”的感人旋律。

俗话说“三十年河东，三十年河西”，而李汉生守望的西江河道，每年都有“河东河西”的变化。丰水期，洪水冲刷砂底河床，大批障碍物沉落河底，不少河段河槽发生变化，只有弄清这些变化，船舶才能安全通过。

李汉生和同事用最原始的方法使两条船在江岸两边同向行驶，之间拉一条绳，遇到障碍物便停下探测，将第一手信息汇总后，再用仪器进一步扫描核定。

这些看似手眼功夫，要讲求经验，要结合丰水、枯水、潮水的规律等多种因素，根据天气、水位、河床的变化，对航标进行现场调整和配布，才能确保标位准确。

有了航标的准确配布，还要结合每条船的装载量。有时尽管安全水位发布准确，可有些“船老大”为能多赚点钱，往往不顾通航标准。为确保航道安全畅通，李汉生们得时时守着，目测每条船的装载线，及时提醒超载者，引导船舶通过一个又一个浅滩和暗礁。有李汉生们对西江河床、航道准确把关标位，“船老大”们紧锁的眉头得以舒展。

长长的西江水，流经肇庆的范围是225公里，李汉生虽是广东航标员，但他的服务对象多为广西籍船舶。

说到守滩，2012年之前，这是李汉生所在的西江航道局封开航道分局航标员们的重要工作。近20年来，每逢枯水期，西江上都会涌现一群群默默奉献的航标工人，他们不辞艰辛，通过人工守滩的方式随时探测航道水深、调整航标，协助船舶有序通过浅滩，守护着航标，也守护着航道安全，成为西江封开段一道独特的风景线。

由于西江原有的通航条件较为恶劣，不仅弯曲狭窄，且礁石较多，加上近年来船舶吨位日趋加大，枯水期经常难以满足大吨位船舶的通航要求，这一直是制约两广水上交通大动脉安全畅通的瓶颈。

枯水期，封开所江口航道站出现过最低水位至 0.19 米，洪水期出现过最高水位达 25.92 米，西江界首至肇庆段四滩的航道水位落差之大令人咋舌。以往，每年进入枯水期，航道部门都要对“四滩”进行维护性疏浚，航道工人常常需要全天 24 小时驻守在浅滩，协助过往船舶有序通航，从而确保航道的安全畅通。李汉生的守滩天数最长达 187 天。

行内把这叫作“驻滩守点”。按规定，航标灯一灭，航标员必须要在半小时内把它点亮。守滩，是一项艰辛枯燥且极需耐心的工作，需要 24 小时不间断地守在浅滩处，时时提醒过往船舶。守滩的地方往往山高林密，荒无人烟，吃的是自带的腊肉、咸菜，喝的是西江水，听到的是鸟鸣、涛声……伴随一艇，孤滩独守，无论风雨寒暑，日复一日，年复一年。多少个除夕夜，李汉生只能通过手机向亲人问候，而在没有手机的年代，只能仰望星空。

如果说枯水期守滩是枯燥的，那洪水期守滩却是充满惊险。2005 年 6 月，西江流域出现百年一遇的特大洪水，上游广西梧州一艘 500 吨级的水泥趸船沿江漂流，严重威胁停泊在西江封开江口镇沿岸的船舶和下游封开西江大桥的安全。危急关头，李汉生率领抢险小组，驾驶“粤道政 303”船迅速追赶并靠近失控趸船。当时，江水湍急，如果两船相撞，便会船毁人亡。为控制漂流中的趸船，李汉生不顾个人安危，将“粤道政 303”船强行靠近趸船，然后一个纵身跳到趸船上，将工友抛过来的绳子系上趸船，通过航道船的拖带，将趸船缓缓拖向安全地带。

1997 年启动的西江“四滩”航道完善性整治工程、2008 年启动的西江界首至肇庆 2000 吨级航道整治工程、2015 年启动的西江界首至肇庆 3000 吨级航道扩能升级工程一一完成，西江航道的通航条件日益改善，通航能力由 1000 吨级向 2000 吨级、3000 吨级升级转变，这也意味着，西江界首至肇庆这段过去的低等级航道实现了华丽转身，真正成为一级航道，能发挥出“珠江黄金水道”的作用。从2011年冬季到2012年春季的枯水期，西江“四滩”船舶通行顺利，持续多年的西江封开段人工“守滩”工作终成历史。

燃灯者

今天，西江航道事务中心辖区航道跨肇庆市、云浮市、佛山市、江门市等4个地级市，共有干支流航道61条共1663公里，共设航标563座。全辖区航道中1～7级航道7条共671公里，7级以下航道54条共992公里，除西江、沧江河（高明河）为平原航道外，其余为山区航道。西江通航保证率98%，属一类维护航道，全线设一类标。在全肇庆225公里的设标航道上，像黎建能这样的航标员共有171人，是他们以高度的责任心日夜维护着航道上的563座航标。这些航标工，与日月大山一同坚守着自己的职责，也坚守着清贫与寂寞。

很多时候，在一些典型的山区航道，滩多线长，孤零零的简陋航标站所处的江岸往往在崇山峻岭间，前不着村后不着店，航标工生活条件差，收入低，而航标维护的工作又十分辛苦，社会上很少有人关注他们，行外也没人愿做这项工作。过去航标工这份差事往往是子承父业，一代传一代，祖祖辈辈都生活在航标站里，一生守望着浪涛上的那一座座航标。

从煤油灯到太阳能自动化，木舢板到钢质快艇；从竹棒标到铁质标船，夜航巡标到航标遥测监控；从大平板放样到GPS定位，竹竿探水到数字化多束波测探；从潜水炸礁到钻孔炸礁，人力绞滩到航道疏浚机械化……西江航道经历了从劳动密集型向技术密集型，从传统航道管理模式向数字化信息化管理模式的精彩嬗变。一次次飞跃的背后，是一代代西江航道人前赴后继的忘我付出。

他们离家别子，以旷野为家，与青山为伴，听汽笛长鸣，伴孤灯而眠。春去秋来，江边那一盏盏航标灯见证了他们的光荣与梦想，见证了航道的繁荣与复兴。小小标灯，给夜航船指引前行方向，守护航船人期盼的平安和收获的希望，给人们带来通往美好生活的新航道。

李汉生这个名字已经与“标灯精神”紧密联系在了一起。李汉生只是西江航道上江口航道站的一名普通航标员，长期默默无闻，却以自己的奉献，点亮了一种精神，一种甘愿奉献的职业操守。李汉生退休了，但新的“李汉生”们却代代相继。

黎建能所在的德庆航道站，要每天早晚各观测水位一次，并根据水情变动及时调整标志，遇到重大节日或暴风雨、大雾天气时，还必须增加出航检查航道航标的次数。站里实行的是24小时值班制度，值班人员负责当日水情和航道动态的观测、记录、传递和报告工作，对航道标志、标艇进行清洗、油漆和保养。时间在向前推进，如今的航道巡查重点早已与以往不一样了。原来是查偷漏费的，现在早已改成查有无违章建筑、清理渔网、疏通航道、修复航标等，简单地讲，就是“保证航道畅通和船舶航行安全”，主要是为船舶航行服务的，触及的利益很小。

干航道工，一辈子注定默默无闻，难得为世人所关注。航道，塑造了航道人所独有的秉性，使他们的骨子里投射出“艰难困苦，玉汝于成”的闪光点。他们可爱可亲，可歌可泣，他们平凡而伟大，他们干一行，爱一行，精一行。

航道人甘当“无名英雄”，甚至在20世纪90年代中期之前，国家实行“顶职”就业的政策下，承接“衣钵”的第二代、第三代航道人比比皆是。如今的德庆航道站日渐焕发青春气息，航道新人带来了生机和活力。对航道新人，黎建能以航道的历史循循善诱，毫无保留地做好“传帮带”，保证航道事业生生不息。

在一些人看来，航道人可以经常在江上兜风，是多快乐的事情呀！其实不然。在船上工作，不可避免的就是生活的单调，除了船上的几个工友外，就是身边默默流淌的江水和荒凉绵延的江岸。这些巡查艇，看似威风，实则夏天热得要死，冬天又寒气袭人，长年累月住在船上，风里来雨里去，加上长期不规律的饮食作息，落下胃病和风湿病司空见惯。

航道管理船（粤标 317）不时随江水晃动着，对于水上的生活，范杰文已经习以为常。来自竹乡广宁县的他，从小并不生活在江边，他所熟悉的河流，是家乡那条名叫绥江的河流。2013 年，他从广东交通职业技术学院毕业后来到了封开，当了一名航道工。2019 年，他从贺江航道站调到了德庆航道站。

许志聪个子虽高大，但性格腼腆，他两年前才从广东交通职业技术学院毕业，先是到封开江口航道站，今年 8 月调到德庆航道站。短短两年，原本白白胖胖的他已经褪去稚气，肤色变得黝黑，也更健壮了。在德庆航道站，像范杰文、许志聪这样的年轻人有好多……除了轮休时离开单位，其他时间，他们都在站里，在船上，因此，深受“家文化”影响的西江航道，一贯有着很强的凝聚力和向心力，形成了“以船为家”“以站为家”“以航道为家”的传统。在德庆航道站，航道员种植了多肉。平时他们轮流买菜做饭，起居作息接近军事化。

已守护西江航运干线几十年的西江航道人，走悬崖、攀峭壁、冒严寒、顶烈日、战洪水、斗洪魔，在长期与大自然的战斗中，形成了乐观放达、坚韧执着、敢拼敢闯的性格和自力更生、艰苦奋斗、开拓进取的精神。

巴金曾在散文《灯》里说：“我们不能单靠吃米活着。”换言之，还要靠精神与信仰。这种精神，对西江航道人而言，就是“点燃自己，照亮别人”的航标灯精神，就是一直以来为了西江航道事业发展的那股韧劲。

数十年“逆水行舟不歇桨，为灯不惜人憔悴”，作为德庆航道站的现任“当家人”，黎建能 30 载的时光都献给了航道事业，这得多强的意志力和责任心啊！

无论是靠双脚跋滩涉水的航道测量人员，还是每天起早摸黑出没风波、移标设标、巡查标灯、扫床测深的航标人；无论是与江枫渔火相伴的航道维护疏浚队员，还是拿起法律武器护卫航道的航道行驶执法队员……他们每时每刻怀揣的都是航道安全畅通、船舶航行安全的使命。

纵观西江航道几十年的发展史，放眼肇庆 225 公里航线，像李汉生、梁少强、黎建能这般饱含实干精神、拼搏精神和敬业精神，献身航道、报效祖国和人民的航道人，还有很多，他们都有一个共同的名字：燃灯者。

新世纪以来，随着对航道基础设施投入的增加，德庆航道航标上的那些煤油灯，先是被白炽灯取代，不久后更换成了发光二极管，而标灯所用的电源也更新成了太阳能板。

“我们的航标现在已全部是‘国标’，标灯不仅比过去亮度高，性能更可靠，而且可以根据夜晚和白昼的来临自动开启、关闭。”西江航道事务中心封开航标与测绘所所长梁少强，这位已经在西江航道上工作了 31 年的老航道人介绍道，“对这些航标的监控如今也实现了电脑自动化，哪座航标移位了，哪盏标灯不亮了，我们都可以通过江边设置的摄像头，在站里的监控屏幕上清楚地看到，发现情况就能第一时间去恢复。”梁少强简要的话语饱含着对职业的尊崇和责任。

尽管航标设施及监控系统已十分先进，但德庆航道站还坚持着一直以来的出航检查制度，每个班次至少 5 人。5 天巡查 1 次，来回巡查 88 公里，至少需 3 小时，遇到汛期，还要加强巡逻，确保航道的安全。“设备再好，认真负责的态度总要保持的。”对航标的日常维护实行制度化管理，是黎建能最为重视的。

除了认真执行《广东省航道局航标维护管理办法》外，德庆航道站还制定了《德庆航道站值班制度》《航标员职责》《航道站长职责》《航标保养制度》《巡航检查制度》《安全生产工作制度》等规章制度，以增强大家的责任意识，使工作有章可循，有章必循。

干了 30 多年的航道工作，在黎建能眼里，最近这几年是这条大江变化最大的时期。航道上行驶的船越来越大，越来越多，相应地，航标的维护手段越来越高科技，航道站里的机动船艇也越来越好、马力越来越大，航标员的管护能力在增强，管护效率在提高，所管护的航道里程也大大增加。可以说，航道的整治史，是西江航道战滩斗水的几代建设者用他们的心血和汗水写成的。一代又一代的航道人砥砺前行，让一段段曾经礁石密布、滩多流急的“惶惊”水道，变成了今天促进我国《珠江-西江经济带发展规划》快速实施的黄金水道。

随着一些航道站的合并，数字化航道也许是大势所趋，但无论有怎样的变化，守望江河都是航标员不变的职责。变与不变的道理，黎建能这位老航标员心里最明白。

在林清玄的散文《在名利的海上航行》中，金山禅寺的住持法磐禅师指着不绝如缕的船只对乾隆皇帝说：“长江上只有两条船往来，一条船为名，一条船为利！”而我要说的是，有一条叫“责任”的船，正在西江上导航不息。

2019.11.21

海事人的 24 小时

24 小时可以拯救一座城，24 小时可以捍卫一个国家。“保障水上交通安全，保护水域环境清洁，保护船员整体权益，维护国家海上主权和人民利益……”海事人，一支被大众俗称为“水上交警”的队伍，也在 24 小时守护着你、我、他……他们的故事又是怎样的呢？

深冬的清晨，西江上北风凛冽，吹在脸上生疼生疼的。薄雾慢慢散去，阳光打开云层，终于露出了笑脸。逆水行船，船头的旗帜迎风飘扬，清澈的水波被拨开，一切都是清新爽快的样子。

“粤云浮货 69**，粤云浮货 69**，请减速！我们发现你船存在较大安全隐患，需要登船检查。”身戴执法记录仪的德庆海事处执法人员黎民将正在执勤，他用高频电话对着前方不远处的一艘货船呼叫。很快，前方的货船慢了下来。

9 时 35 分，海事执法人员抛出缆绳，将“海巡 09547”一端固定在货船上，攀上巡航艇的船顶，再跳上货船。出示了执法证件，黎民将根据风险属性选择目标船舶开展安全检查。检查中，黎民将发现船上的救生衣不是最新的款式，于是提醒船长及时更换，并让船长出示有关证件，如船员证书、船舶证书……检查完，执法人员将情况记录在《航行日志》中，黎民将回到自己的巡艇上，继续往上游进发。

德庆海事处管辖的水域为西江云安区大河口与西寅沙连线以上，至缯排角与云浮郁南都城头灯桩连线以下，全长共 47 公里。一直以来，为确保西江水上交通安全，德庆海事处常念“紧箍咒”，特别是针对德庆猪仔峡、德庆大桥、三号闸渡口这些重点水域的航行，德庆海事处都经常巡航，加强瞭望，按航标指引航行，谨慎行驶。

每年到台风和洪水季节，德庆海事处就会绷紧神经，加大现场巡航力度，积极排查水上交通安全隐患，深入开展安全宣传，并严格落实24小时值班和领导带班制度，随时做好应对水上突发事件的准备。哪儿有险情，哪儿就会有海事人战斗的身影。

10时15分，航速8节（1节为1.852公里每小时），“海巡09547”海巡船来到了德庆县城大堤三号闸附近。这时，西江中一位戴斗笠的渔民，正低着头使劲划船，似乎没有觉察到身边有船经过，而她的船已经横在了江中，离她更远处是另一艘渔船。这是西江渔民的作业方式，叫双拖流刺网。他们撒下的大网下得很深，拉开的距离也大，因此不会影响经过的船只。但是黎民将还是让船靠近小渔船，朝她说道：“阿姨，小心点啊，多注意安全。”像这样语重心长的话，德庆海事处执法人员不知道重复了多少次，但每一次说出口时都极其认真，因为他们知道，预防、提醒胜于救难，责任在肩，就要将工作落到实处。

太阳慢慢升高了，阳光洒落在江面上，人微微感到了一些暖意。西江奔流不息，舟楫穿梭不断，这是一条繁忙的大江，两广大动脉，也是一片让水上交通安全监管部门压力巨大的水域。在这片地理位置最特殊、船舶密度最饱和、通航环境最复杂的水域，海事部门日复一日，年复一年，线上线下空中全方位地守护着这一条黄金水道。

大连海事大学是一所以航运为特色，多学科综合发展的交通运输部直属理工类院校，是被国际海事组织认定的海事院校之一。毕业于大连海事大学海事管理专业的黎民将从淮河、长江直到西江，一路往南，2015年考入肇庆海事局后被分配到德庆海事处，至今已经5年。为什么要选择这一行呢？黎民将觉得，既然读的是海事专业，那能在对口专业找到理想的工作，是最好不过的了。因此，尽管日夜巡行在西江上，风吹日晒，浪里来雨里去，他依然像其他海事人一样，对工作保持着一贯的热诚与执着。像黎民将这样科班出身的海事人还有不少，他们在西江上正上演着新老交替的传承换代。

一条江河的航运情况，可反映出该地区经济发展的水平。近年来，西江货运量呈现快速增长态势，每天航行于肇庆西江水域的船舶约 900 艘次，凸显出黄金水道真正的“黄金效益”，更释放出强大的发展动能。

船舶现场监督和安全检查，一直是海事部门抓的主业，这是严格按照《中华人民共和国船舶安全监督规则》进行的。按照《海事行政检查规定》，海事部门人员对船舶及水上航行、停泊、作业情况、船员情况、通航环境状况等不特定对象实施外观巡视或者初步检查。

10 时 45 分，黎民将和张永明一起来到了西江德庆西湾段，靠近了一艘编号为“粤华运 338”的货船，黎民将他们并没有上船，而是传呼船长到船边，要求他在开航前按要求将输送带放到最低缩到最短，保障航行安全。同时，还叮嘱船员多穿衣服，注意保暖。

在西江上航船，都要遵守一些特殊的航行规定。如，在抛江水域航行时，要严格遵守《中华人民共和国内河避碰规则》的规定；肇庆峡清风角至下田之间水域、天后宫至亚婆床之间水域等狭窄、弯曲航段禁止调头、追越或者并列行驶；船舶通过桥梁通航桥孔、架空管线，应当保持足够的净空高度，以桥梁轴线为基准，上游 400 米至下游 200 米水域禁止追越、并列行驶、调头……

水上安全非同小可。在肇庆海事局辖区的西江干流上，共有大桥 8 座，2014 年 7 月 1 日实施的《广东省桥梁水域通航安全管理规定》明确指出，海事部门对桥梁水域通航安全负有监督管理责任，负责维护通航环境和通航秩序。于是，人们渐渐看到，很多大桥的桥墩前设置了防撞墩，一个个醒目的助航标志和安全标志立起来了，每当船经过大桥时，都会缓速通过。

11 时 10 分，海巡船来到了西江回龙段附近，这时，一艘贵港籍货船进入了执法人员的视线，船主神色慌张，黎民将马上打开执法记录仪，和同事们跳上货船。黎民将和同事们分工合作，一边在船上四处检查，一边要求船主出示证件。检查发现，这艘船配员不够，按照规定，还缺一名轮机员，于是德庆海事处执法人员按照法定程序制作现场笔录，对当事人的违法事实进行确认，并要求船舶选择安全水域锚泊，在开航前配齐合格船员，并接受进一步调查处理。

南国冬日，连日冷空气后，金色暖阳洒在大地上，逶迤的群山苍翠依然，两岸风景如画。在西江回龙段，海巡船放缓了航速，德庆海事处执法人员站立船头，徐徐察看着岸边停泊的渔船、浮桶、渔民的网箱等。天气晴好，西江和两岸的景物似乎都一派安宁静好，可是，这并不等于海事部门可以放松警惕了。在西江岸边停泊，同样要遵守一些规定，如，肇庆 20 号码头至狮山取水口距岸 50～200 米水域属于禁止停泊区，船舶不得在此水域停泊；肇庆墨砚洲尾水域（横茶角 38 号标至墨砚洲尾 39 号标之间）、思贤滘口水域（下炮岗至对岸小洲村堤外丁字坝连线上下游 500 米、距右岸 200 米之间水域）等叉河口水域禁止抛锚、拖锚；以桥梁轴线为基准，上游 400 米至下游 200 米水域禁止停泊……

在环境保护越来越受关注的今天，海事部门的责任，还体现在对西江水域清洁的维护上。西江作为珠三角地区的重要水源地，其清洁程度直接影响到广东、澳门约两千万人的生活生产用水。与此同时，西江肇庆辖区有 16 座水上加油站，日库存量约为 3200 吨，总容量为 4000 吨；沿岸油库油码头 7 座，日库存量 9.2 万吨，总库容 13.1 万吨；西江船舶平均日流量超过 900 艘次，其中油船、化学品船 20 多艘次。西江船舶日趋大型化，大型散装货船燃油约 100 吨，给西江水源安全带来严峻的溢油污染威胁。一旦发生事故、处理不及时或处理不当都将严重影响整个珠三角地区居民的生产生活，给社会安定和经济建设造成极大的负面影响，因此西江流域的用水安全备受广东各级政府和社会各界的关注。

肇庆海事局“急民之所需”，切实关注民生，以实际行动守护关系千万民众饮水、用水安全的西江。经过广泛深入调研和多方协调，肇庆海事局组建了肇庆市水上溢油应急队，有效加强了辖区油船、水上加油船和沿岸油库油码头的安全监管；在广东海事局和地方政府的支持下，争取到了一批溢油应急设备，并自行研发、设计，将两组退役的车渡船改造成我国内河首艘可移动式溢油应急设备船，为西江的水源安全打下了坚实的设备物质基础；通过向社会公开招聘选拔资深的船员、优秀航海专业毕业生和退伍军人共 20 人，平均年龄 32.5 岁，实现了应急队专业、学历、年龄结构的合理化。

此外，平日的科普宣传教育、普及航行安全等也很重要，上午的巡航工作结束，德庆海事处工作人员又马不停蹄地准备海事执法知识竞赛的工作。一年来，德庆海事处走进校园、企业、渡口、渔村，深入开展水上安全知识宣贯……使得水上安全意识深入人心。

就这样，从晨光初现到万家灯火，位于西江畔的德庆海事处，从来都是灯火闪烁，如西江这条奔涌的江河永不停息。俗话说“每逢佳节倍思亲”，这也是海事人的情感共鸣，因为他们大部分家在外地，但为了守卫水上交通安全，一年 365 天，他们没有一天放松过水上交通安全监管工作，老干将张永明就是其中一位。

近年来，为打击非法采运河砂，张永明在恶风险浪中付出了许多不为人知的艰辛。在押解非法采砂船的过程中，他曾经被不法分子包围，不法分子凿开所押解的采砂工程船，试图弄沉船舶。张永明利用自己丰富的经验沉着应对，顺利将船舶押解到公安机关指定地点。数不清有多少次，张永明的衬衫被汗水浸透，不能准点吃一口热饭，但是他从来没有喊过一声累，叫过一声苦，抱怨、吐槽这些事在他这里永远都不存在，他的付出给年轻一辈的海事执法人员树立了榜样。“上下同欲者胜，风雨同舟者兴。”既有身先士卒的领导，又有后起的标兵，德庆海事处一直以“江河前哨”的姿态，为西江的海晏河清默默护航。

水上交通安全不仅仅是海事处的事，还需要相关行业从业人员的共同参与和其他涉水部门的共同努力，水上交通安全监管永远在路上。这些年来，肇庆海事处用实际行动阐述了“平安西江”建设中的“肇庆范本”，通过“空中课堂”在线直播等方式，讲授汛期水上安全知识，体现了肇庆海事处在保障航道平安畅通中勇于担当的精神。

2020 年 5 月 28 日，肇庆海事局危防工作室、远林海事调查工作室揭牌成立，这是肇庆海事局响应广东海事局“奋力推进广东海事治理体系治理能力现代化”工作部署的一项有力举措，也是适应新时代、新要求，强力驱动高质量发展引擎，促进干部职工岗位练兵的一次积极尝试。

远林海事调查工作室，即以肇庆海事局中级海事调查官程远林名字命名的工作室，主要研究肇庆内河水上交通事故发生的原因，剖析内河水域监管的重点、难点、盲点，探讨内河海事调查法规和规范性文件的缺失或管理漏洞，旨在进一步提升肇庆海事执法人员的事故调查能力，充分发挥海事调查对水上交通安全监管的促进作用。

程远林当初放弃高薪进入海事岗位，已经在西江上乘风破浪历练了十多年，尽管工作日复一日、单调繁重，但责任与初心的牵系，令这位 80 后显示出一份老成持重。从业经年，先后在不同岗位上锻炼，他已然成长为一名业务好手。在肇庆十多个年头，来自河南的程远林早已经把肇庆当作第二故乡，最令他印象深刻的是，2008 年他在封开海事处工作时的一次抢险救援。

2008 年 6 月，受上游强降雨影响，西江流域水位最高时接近 25 米，超出警戒水位 8 米。洪水不仅影响航道正常运作，还容易诱发内涝等次生灾害。6 月 19 日晚约 10 点，正在值班的程远林接到求助电话，对方报称船舶在封开江口水域处主机连杆断裂失去动力，随时有失控沉没的危险。接报后，他和同事快速出警，8 级强风及大雨使现场救援工作异常艰难，但程远林和同事依旧冒着狂风暴雨耗时 3 个多小时，帮助遇险船只成功脱险。

紧接着，程远林和同事又接到了转移受内涝灾害影响的群众的任务。程远林和同事顾不上休息，马不停蹄地赶往目的地，最终安全转移受灾群众 100 余人。

“虽然很累，但我觉得我们这份工作能够让船舶化险为夷，能够让受灾的群众转危为安，我还是很为这份工作感到自豪和骄傲的。”程远林满足地说。

“从事水上交通安全监管这份工作以后，可以说我们单位一天 24 个小时，全年 365 天没有休息，特别是在节假日的时候，在洪水期、台风期我们更忙，所以由于工作的关系，我不能常回家看看，不能在父母身边尽孝，对父母比较愧疚。”说起家人，程远林满脸的惭愧。

2014 年 5 月，程远林 60 岁的母亲突发脑溢血病倒了，医院下达了病危通知书。但此时，程远林正在处置一宗船舶遇险险情。“当时心里面特别纠结，一方面是病重的母亲，另一方面是需要救助的船舶。”说起这段往事，程远林不禁哽咽了起来，“等我处理完险情赶回家，母亲已经在 ICU 昏迷了 5 天。”他们就像边防战士一样，承受国事的重担，也为家事而揪心，但他们以国事为重，“先天下之忧而忧，后天下之乐而乐”，这种奉献精神与岗位意识值得敬佩。

滔滔西江，流淌千年，日夜与西江水相依相伴的海事人，不仅见证了 71 年来肇庆的日新月异，更承载着水运复兴的希望与梦想。虽然地方海事机构名称先后经历了航政、港监、地方海事的三度更迭，但是让“航行更安全，水域更清洁，口岸更畅通，社会更满意”的初心和使命始终没有改变。

2020.10.08

第二辑 西江怀古

鼎湖山的表情

在我看来，山是有表情的。无论是游人纷沓的名山，还是人迹罕至的山野；无论是巍峨的大山，还是低矮的山头；无论在北方，还是在南国；无论是春天，还是秋天。而鼎湖山的表情无疑是丰富的。

造化的神奇，造就了鼎湖山这块独一无二的“北回归线上的绿洲”。蓬勃的生命在此周而复始地循环，从山麓到山顶，依次分布着层次分明的沟谷雨林、常绿阔叶林和亚热带季风常绿阔叶林等多种森林类型，蕴藏着鼎湖山作为生物基因库的生命密码。

位于西江畔的鼎湖山，现有高等植物 1843 种、栽培植物 535 种，其中在鼎湖发现并用鼎湖命名的植物就有 40 多种。生活在鼎湖山的植物承载和见证着周边社区的发展，中国的第一个自然保护区在此诞生。早在 1956 年，鼎湖山成为我国第一个自然保护区，1979 年又成为我国第一批加入联合国教科文组织“人与生物圈”计划的保护区，建立了“人与生物圈”研究中心，是国际性的学术交流和研究基地。

鼎湖山仿佛是一座神庙，收纳了无数草木和动物。无论什么动植物，只要出现在地球上，它出现的地方都是最适合它的，无论开花或凋谢，无论生机蓬勃还是枯死腐朽，都是它至美的时刻。没有一棵树是多余的，也没有一棵草是多余的……在鼎湖山，有哪一样生物是多余的呢？那么多生命，密密麻麻，挨挨挤挤，可我们怎么看都不会觉得拥挤。

人面子、紫背天葵、盾果草、黄花大苞姜、荷木……各种植物靠着自身智慧代代相传，生生不息。植物是自然保护的对象，它们也在鼎湖山保护区的建设、管理和保护中扮演着不可或缺的角色。在鼎湖山，有起源于中生代侏罗纪的“植物活化石”黑桫椤和珍稀格木、台湾苏铁、乌榄，以及大量的以鼎湖为“姓氏”

的鼎湖钓樟、鼎湖冬青、鼎湖锥树……还有无数攀缘植物、绞杀植物和寄生植物。虽然“绞杀现象”每天都在此地无声无息地上演，但那些绞杀植物（榕树、笔管榕等）与被绞杀植物（锥栗、白车、红皮紫棱、山牡荆等）却安静得出奇。在鼎湖山珍稀濒危植物园、华南杜鹃园、珍奇植物观赏园和竹园等四个专类植物园里，各种附生、阴生、药用、观赏植物安静地相挤着，相处着，显现着它们真实的生命状态。

是动植物教会我认识生命和脚下的大地。在人类越来越物质化，越来越功利化的今天，人们总说太忙了，以至于我们与自然有了隔阂，亲近草木成为奢望。而置身鼎湖山，会油然而生回归生命、回归草木间的初心。那多元的风土，依旧定时孕育出多彩的生物，以古老的方式、静默的力量，帮助我们在日趋雷同的日常生活里，辨认对方，看清自己。

万物之中，只有星空与森林能在给我们带来欣喜的同时，又让我们的心变得安静。星空遥远，不可触及。森林，也只有森林，为我们提供最好的庇护之地，亦提供心灵的栖息之所。在鼎湖山，随时可见成群的赤红山椒鸟以及色彩鲜艳的大毛鸡、小毛鸡、绿背金鸠等。苦恶鸟啼音起伏，鹧鸪叫声此呼彼应，啄木鸟的“咯咯咯”声不绝于耳，这些都是鼎湖山的常态。此外，还有雀鹰、蛇雕、黑耳鸢、红角鸮等其他 232 种鸟类。所有这些使得鼎湖山自然保护区成为我国华南地区最具特色、最具研究价值的鸟类学研究热点地区之一。此外，诗仙李白《赠黄山胡公求白鹇》中的林中仙子白鹇，也是鼎湖山的常住居民，“请以双白璧，买君双白鹇。白鹇白如锦，白雪耻容颜”，这种别处难得一见的美丽野雉，常现身于密林深处，它迷人的风姿、可爱的形态更使其成为广东省第 15 届运动会吉祥物。体态优美、颜色靓丽的蓝喉蜂虎，被誉为“中国最美的小鸟”，也常现身于鼎湖山。还有黑翅鸢、日本松雀鹰，首次在广东发现的栗头缝叶莺和栗头鹟莺……总之，在鼎湖山这方水土，栖息着种类丰富的鸟儿，让鼎湖山这块绿宝石更富生机。

植物永远不会让人厌倦，这是植物与人最大的不同。它们始终是它们自己，是自然。无数次，当我徜徉在鼎湖山的幽静密林中，看岭南季节变换，从春到秋，看大自然的魔法师怎样用手中的调色板，巧妙地将林木一点一点地改变，鹅黄、嫩绿、褐色、浅黄、红色、斑白、墨绿……自然的推手将层林尽染，厚厚的晨霜让万物又一次回到寂静休眠的状态。生命就是如此，植物也在循环往复中履行自己的职责和使命。看看草木，一切了然于心。

“到此已无尘半点，上来更有碧千寻。”那样广阔的翠色，像是被人拉起了一大片无边无际的绿色染布，让人心醉神迷。我越来越喜欢鼎湖山的树了。在林中待久了，人不会面目可憎，只会看到美的变迁。森林给予我们一种栖身于广阔宇宙间，又交织着时光暂停此刻般的庆幸，以及夏日晨间空气中的微凉甜意。在夜晚的林中，尘世的一切斑驳庸杂退于身后，我们感受到了隐藏已久的自己，像溪谷、山泉、小树、古木、苔藓、苍石一样。事物只作为自己，森林之美的本质便是如此吧。这也正是它们令我们赞叹不已的地方。

那些繁复与缠绕的，都是认知的障碍，都是人生疲倦不堪的本原。而森林之中的万物从来没有疲倦的时刻，它们始终是它们自己。鼎湖山的树无疑做到了。

的确，鼎湖山的树以其生命的各种形态，教给我哲理与思考。我赞叹那些桫椤，在鼎湖山的山道上，随处能看到它们的身影。距今约 3 亿年前，在恐龙横行的时代，它们已经存在，而恐龙灭绝了，它们依然生机盎然，不由得让人感叹它们旺盛的生命力。

查阅鼎湖山古树名木档案，使我油然而生对生命和自然规律的敬畏。鼎湖山跃龙庵内的鸡蛋花与枳椇，树龄逾 470 年；庆云寺艺园花园前有两棵龙眼树，树龄逾 400 年；庆云寺右侧庭院中有两棵梅，树龄逾 400 年；白云寺门外及右侧院内有两棵白榄，树龄逾 400 年……

“镇寺之宝”白茶花，更有着不一般的传奇经历。明崇祯六年（1633 年），鼎湖山庆云寺第二任住持——在犙禅师建造了莲花庵（庆云寺）的同时，亲手种下了一株代表纯真无邪的白茶花。可未曾料到的是，清咸丰十年（1860 年）、民国五年（1916 年），庆云寺两度遭遇火灾，白茶花也被大火吞噬。不久后，树头竟长出了新芽，庆云寺的僧人都说这棵树灵气满盈。“秀色未饶三谷雪，清香先得五峰春”，每次看到它，我想这大概就是鼎湖灵性的体现了。几百年的树木涅槃重生，这对不能重生的众生，又是怎样的启示？

在我看来，鼎湖山树木繁茂，是有佛在护佑。“名山大川佛占尽”，作为佛教第十七福地，鼎湖山也是如此。鼎湖山自古便与佛教结下渊源，佛的庄严和博爱笼罩在这片祥云萦绕的宝地上。

倘若没有历代僧人广植树木，并全力保护生态环境，会有如今鼎湖山这片广袤的森林吗？答案从刻录在案的碑记可见一斑。鼎湖山最早宣示禁伐的碑记——《在犙和尚禁伐树木碑》，康熙癸亥年腊月望日（1683 年十二月十五日），犙道人笔示。史料记载，在犙和尚建成莲花庵后，与常住僧人在寺院周围种上松树、杉树等。多年后树木成林，村民陈廷宾冒认某坟为祖先的山坟，借此占据并盗伐松树。故在犙和尚立此碑记，可见他为了保护寺刹周围环境的坚定信念。

光绪十九年（1893 年），下黄岗白石村村民梁荣旦硬说飞水潭处林木是梁家自植，强行砍伐，并与庆云寺僧人互相控告，争夺飞水潭处林木的所有权。官司由地方打到肇庆府衙，知府与道台查明真相，还林于庆云寺。庆云寺打赢了官司，并获准刻石晓谕众人“禁伐鼎湖山范围内之树木”。这方明确鼎湖山范围的树木为庆云寺所属的碑刻，实属广东第一张寺庙“地契”。

可见，鼎湖山能成为佛教名山，不仅得山川草木滋养，更是佛教慈悲、行善积德的因果。古人云：“山不在高，有仙则名；水不在深，有龙则灵。”肇庆鼎湖山正印证了这句话。虽然鼎湖山不算太高，但自唐朝起这里已成为著名的佛教圣地。其中最出名的当数庆云寺，该寺创建于唐高宗仪凤三年（678 年），当时正值禅宗全盛之时，至今庆云寺仍是一处香火鼎盛的佛教圣地。

名山有名寺，名寺有奇观。庆云寺除了在栖和尚手植的白茶花树和舍利子、《龙藏经》等镇寺之宝外，还有千人锅、大铜钟、百梅诗碑、梅花图石刻以及慈禧太后敕赐的“万寿庆云寺”牌匾等文物。前往庆云寺，我们会发现一个奇妙的现象：虽然位于半山腰，但庆云寺的房顶终年一尘不染，而且没人爬上屋顶清扫过。传说，这是因为庆云寺常年都有神灵庇佑，所以连树叶都不忍心落到庆云寺的房顶上。当然，现在已有关于“风向”之说的科学道理来解释这种现象。只不过，信众更愿意相信这是寺院的慈悲所致。仅仅从数百年来“一尘不染”的庆云寺房顶来看，该寺就无愧为佛教禅宗圣地。众所周知，佛教禅宗六祖惠能与北宗神秀曾有一段故事，禅宗五祖弘忍在选择传承人时，神秀写下一偈：“身是菩提树，心如明镜台，时时勤拂拭，勿使惹尘埃。”时为烧火僧的惠能也作一偈：“菩提本无树，明镜亦非台，本来无一物，何处惹尘埃。”弘忍因此传惠能为禅宗六祖。庆云寺，也因得山水共荣的地利，以及各种因缘际会，在延续了数百年鼎盛香火后于 1983 年成为全国重点寺院。

树木对僧人保护它们的慈悲心的报答又何止于此？你看入登山步道不久，便可见一座仿照唐代建筑建造的亭子，掩映在古树浓荫之中，这是为纪念日本入唐留学僧荣睿大师而建的碑亭。碑亭座向面东偏北，正对着荣睿的故乡——日本美浓（今岐阜县）。荣睿已逝，古木长青。

鼎湖山的表情啊，是生命，是慈悲。如一颗种子，种在山中，亦种在心中。

2018.05.01

古驿道上的身影

一条承载过无数纤夫脚步的西江古道，从无到有，从鼎盛到荒芜……

山野葱茏，烟波浩渺。人行于古道，古道便有了人迹。

三年前，羚羊峡古栈道森林公园正式对外开放，我踏上这条逶迤的西江古驿道，跟随前人的脚步，去窥探古道掩藏在时光深处的秘密，寻找遗落在路上的吉光片羽。

我早就知道它，在厚重的史书中，在历代诗人的诗句里，在山与水的无尽对望中，我固执地想在这里找到一段与臆想相符的情节。然而，回应我的只有脚下跫跫的脚步声。

史料记载，时至宋代，肇庆已有一条东西贯通的古道，始经肇庆往东走水路到广州，往西走陆路可通阳春，经潘州转雷州。当时的通道是先民们为了往来交换，按地形情况结石阶，架小桥，沿山谷低地、河边开辟的人行步道。据《肇庆府志》记载，以肇庆府为中心，连结各县陆路交通的主要通道分为东、西、南三路。西江羚羊峡的“峡山旱路”，则是古代船只逆水而上时，纤夫挽船入峡之路径，羚峡古道留存的痕迹，是先人们开辟修建人行步道的真实写照。

一路上，我默想着那些久远的人和事，一种沧桑浩渺之感油然而生。顿时，我的思绪穿越了时空，那些路线渐渐清晰起来。

我踏上它的路基、桥涵、石阶，触摸它的遗址、石刻、纤痕、篙痕……那个看起来遥不可及的年代，不再是躺在纸上的名词，它有了某种气息。那是两千多年前的秦朝，一群人开山辟路，遇水架桥，凿开一条条通往岭南地区的交通路线。这些交通路线，无论是水路还是陆路，无论是官道还是民间古道，经过各朝各代的开发与扩建，形成了紧密联系珠江三角洲与周边地区的通道，承载着民族迁徙和货运流通的厚重历史，更是经济交流和文化传播的重要通道。

秦汉时期，为扩充推广传、驿等交通制度，设置了“传舍”，置备车马。隋唐开始在全国范围内开拓驿道，设置驿站，构成以长安为中心，向四方辐射的驿道交通网。最初，邮驿系统是服务于军事的，后来，邮驿系统逐步走向完善，由军用迈向民用。元、明、清三代建立起一套完整的交通制度，在各州、县普遍设置驿道。

旧馆分江日，凄然望落晖。
相逢传旅食，临别换征衣。
昔记山川是，今伤人代非。
往来皆此路，生死不同归。
——唐 · 张说《还至端州驿前与高六别处》

诗人写这首诗时，正是流放钦州一年后，被召回京时又路过端州，因而作诗以抒发对已故友人的悼念之情。此前，在端州江边的旧驿馆，诗人和一同被放逐到岭南的友人作别，著有《端州别高六戬》一诗。如今，山川依旧，两人却一生一死不能同归。驿站见证了人事代谢，也见证了历史兴替。

想起古驿道，我眼前就会浮现一幅画面：夕阳西下，驿道浮光，芳草萋萋，鲜衣怒马，马蹄嗒嗒……

以汉代海上丝绸之路始发港徐闻港、古广信地区为核心的西江古驿道是秦汉时期出现的，是广东最早的古驿道的代表。史料记载，明代驿站遍布全国，肇庆设水、陆驿站九处。清代肇庆府辖各县驿道有 12 条，共 896 里，可与相邻府、州、县以及邻省相通，有大量的木帆船、手推车、挑夫等行于其间。

肇庆亦是海上丝绸之路的重要节点之一。据史料记载，汉魏六朝时期，古广信地区始终是海陆丝绸之路交汇的一个极为重要的枢纽，正是借助广信独特的地理位置，来自海上丝绸之路的商品方可进入中原，而来自陆上丝绸之路的商品也方可经中原传到岭南……

古道悠悠，车声辚辚；西风飒飒，瘦马萧萧。遥想当年，车轮碾压，跋行难窘；铁蹄踢踏，声若奔雷。行走驿道，古风扑面而来，诗意擦肩而过，这是现在与过去的一场时光交接，有欣喜，也有惆怅；有感动，也有唏嘘。

我相信，在深深的尘土下，这里或者那里，应该有许多相同的马蹄印。曾经的马队，如今的行人，在时光的彼岸或此岸走走停停。隐秘的古道时隐时现，前来的人迹为山水增加了伸向远方的脚力。

我只是一个探访者，窥不破掩藏在时光深处的秘密。千年悠悠岁月，唯有山水依旧。一条被岁月踩出的古道，深深浅浅，被刻上旧时光的印记。我在葳蕤的草木间寻找，在坑洼不平的山路中寻找，却找不到鲜活的痕迹。那些曾驮着信笺、公函的马匹，艰辛的脚夫，行走的青春，鲜活的繁华，清脆的铃响……在时光的磨洗中，早已模糊成书上的一段文字，或者成了牵马者口中的某个故事。

西江古道，辙沟布满着风尘，苔痕零落着沧桑，时光濡染的石阶之上印迹斑斑。越过千年的明月，聆听江涛阵阵，山坡间松柏已老，再不闻文人墨客那怅惘的吟哦之声。

岁月更迭，马蹄声远，曾经完整的驿道已犹如断线的珍珠，或散落于江河，或隐没于阡陌，前世的铺路石也许变成了今世的石板凳。历经沧海桑田之后还能保存下来的驿道，更显弥足珍贵。

自古以来，由于有便利的水路交通，人们来往和物资运输大都利用船舶。陆上山多岭峻，步陟艰难，因而陆路交通不发达。近代以来，随着公路、铁路等现代交通线路的出现，古道逐渐淡出了人们的视线，隐匿于青山绿野之间。时至今日，这些沉默不语的古道依然生生不息，闪耀着岭南历史文化的荣光。

我们对于驿道的认识，多在影视或书籍中，而这些记录往往是片面的。殊不知，古代邮人（驿卒、铺兵、邮夫等）的工作条件非常艰辛，今天大地上密如蛛网的邮路，在一定程度上可以说是千百代邮人一步步踩出来的。

据记载，民国三十二年（1943 年）秋，日军侵占四会县的马房、横岗后，经肇庆转口通往后方的邮运线路受阻，肇庆邮人冒着生命危险，在西江沿线多次开辟秘密邮路，抢运了大量的邮件，一直坚持到抗战胜利，留下了一串串永不消逝的“红色足迹”。

古驿道也记录下了文人墨客的足迹。唐代杨衡、沈佺期、许浑，宋代郭祥正、李纲等著名文人，都曾流连于西江边，他们经沧桑的古驿道走进端州，并留下大量诗词歌赋。唐代诗坛的风云人物宋之问在端州驿憩息，见到墙壁有膳部员外郎杜审言、给事中沈佺期、麟台少监阎朝隐、苏州司马王无竞的题诗，不由感慨万分，挥毫写下《至端州驿见杜五审言沈三佺期阎五朝隐王二无竞题壁慨然成咏》，情感真挚感人。

在端州生活多年的唐朝宰相李绅，以其细致入微的观察，为后人留下不少描写端州的诗文，如《移家来端州先寄以诗》《闻猿》《逾岭峤止荒陬抵高要》……让我们从中了解 1000 多年前端州的自然风光、社会状况、人文环境和风俗习惯。尤其是《端州江亭得家书》一诗，“雨中鹊语喧江树，风处蛛丝飏水浔。开拆远书何事喜，数行家信抵千金”，向我们展现了 1000 多年前肇庆大地上的一幅生活图景，作者由于信息得以通畅的狂喜心情跃然纸上。

南宋著名诗人黄公度也来了。绍兴十九年（1149 年），黄公度被贬谪为肇庆府通判、高要县（今广东高要市）县倅，代摄南恩州（今广东阳江市）州事。在《自恩平还题崧台宋隆馆二绝》中，黄公度写道：“四山如画古端州，州在西江欲尽头。漫道江山谢留客，老夫思归甚东流。”字里行间流露出对肇庆府秀丽山河的赞美之情。

作为古代的“客运站”，端州驿究竟是怎样的一个存在？在水运为王的年代，端州驿是一个非常重要的驿站，它是南下高州、雷州、海南等地的必经之路。端州驿后改称为崧台驿，包拯知端州时曾加以扩建，是北宋时通往安南（越南古称）和海南地区驿路的交汇点，被贬文人大多先到端州驿，然后分赴各地。

那样一条路，也许多年前，我的祖先也走过。10年前，我曾到访赣州，从这里，一条起自中原的逶迤古驿道，直接通向广东的梅关。客家人一路的迁徙，都是沿着这条古代连接南北大动脉的水道。关北是江西的大庾，关南是广东的南雄，绵延而崇高的岭南山脉，这里是连通南北的唯一通道。

在粤北南雄，我在宗祠前久久站立，回想着祖先们历经怎样的艰辛，翻越险隘峻岭，从中原来到了珠江流域，再从这里走到西江、绥江……宋代，客家人就是这样翻过梅关，迁居到南雄，成为许多广府系人的祖先。

从蹒跚学步起，每仰望村前的牌坊，我仿佛触摸到了历史的荣光。慢慢地，我从族谱、父辈的话语中了解到，原来先辈们走过的是这样一条路。从无到有，从小到大，从一户人到一族人，繁衍着、壮大着，也延伸着远方的路，从陆路到水路，从小路到大路，模糊了背影，清晰了前路。

西江古驿道只是遍布各地驿道的一个缩影。一个个充满神秘色彩的驿站，像珠子一样将古道串联起来，它们沧桑的外表下，写满了诸多往事。青石板上深深的马蹄印，踩踏出来的远不只是一条驿道，而是一种文化，或者更确切地说是人类社会学的另外一种版本。

当年在这古驿道上的驿差已消逝在历史的长河中，还有谁能够引领我们去追寻他们的背影？

如今，驿道虽多已倾颓，但古驿道的夜空依然高悬着秦时的明月，千年古郡的崇山峻岭仍然屹立着汉时的关山。行进于此，感知着肇庆厚重历史文化浮光掠影的人们，或逢烈日当头、汗如雨下，或逢淫雨霏霏、泥泞难行，艰难和辛劳也会随着更加深入的思考而烟消云散，唯一能留下的，是时代沧桑巨变带来的震撼，以及潜藏于村野荒山朴拙、厚重的前进动力。

古道或已废弃，而现代文明却在不断地延续，在漫长的历史长河中，在这些艰险的古道上，文化在传播和融合，经济在发展和进步，思考在碰撞和演化。古道仍然顽强地存在并见证着滚滚前行的时光，犹如故事的注脚和历史背景，以及一遍又一遍被提及的“从哪里来，到哪里去”的哲学命题。走进古道，仿若走进人生的起点、过程还有归途。

2019.12.29

悠悠津渡话沧桑

“风约雨横江，秋满篷窗。个中物色尽凄凉。更是行人行未得，独系归艎。拥被换残香，黄卷堆床。开愁展恨翦思量。伊是浮云侬是梦，休问家乡。”（《浪淘沙·风约雨横江》）有着“天资旷逸，神仙风致”之誉的宋代词人朱敦儒，在德庆写下这首词时，心境如何呢？故园情难解，这种“休问”的心境，真是剪不断，理还乱。风雨横于江面，有家难回，而念念不忘之人，更是难以重逢，此时陪伴他的，只有异乡的津渡和一叶浮萍似的孤舟，流落两广，身寄江湖，此情何堪？

时值己亥初春，我来到三洲古渡。远远地，就看到一片绯红，如云如霞，在初春的烟雾中氤氲出一派岭南水墨的韵致。

这是一棵参天古木棉，高 30 多米，树围达 5 米，堪称西江流域最大的一棵古木棉。每年三四月开花时满树红光，红照天表，因此，人们又称木棉树为火树。

木棉树在岭南各地均有生长，于水际者尤奇，可供欣赏。清代岭南三大家之首的屈大均曾游历德庆锦石山，知西江沿岸木棉甚多，赋诗曰：“西江最是木棉多，夹岸珊瑚十万柯。又似烛龙衔十日，照人天半玉颜酡。”清代著名经学家、史学家、文学家，曾担任广东粤秀书院主讲的杭大宗曾到过肇庆，亦有咏木棉诗：“目极牂牁水乱流，低枝踠地入端州，最怜三月东风急，一路吹红上驿楼。”“牂牁水”即西江水，从诗中我们可以想象当年西江“夹岸珊瑚十万柯”的景象是何等壮观。

三洲古渡木棉树栽于西江边的石壁之上，无人知晓其植于何时。问及村中老者，说其爷爷辈时此树已近现在这般，如此少说也有三四百年历史了，与木棉一起风风雨雨共同守望西江的这个古渡也许就更为久远了。

因其内“宋元明题刻甚富”，且有周敦颐、苏轼、李纲三公题刻，三洲岩名气很大，千百年来吸引了无数达官贵人、文人雅士、谪臣迁客慕名蹑履。岩内石刻题留之多，可与肇庆七星岩、英德南山、碧落洞及阳山贤令山齐名。

与之相比，与三洲岩相距咫尺的三洲古渡就鲜为人知了。随着交通的发达，古渡已逐渐淡出人们的视线。其实三洲古渡早在唐代就有记载，比三洲岩还要早，明嘉靖《德庆州志》中载，唐天祐元年（904 年），德庆进士李谨微授番禺尹，之任，夜泊三洲古渡，时夜月明星稀，有一渔夫作歌吟声挐舟而来，长揖共饮，谓曰：“世将乱矣，宜高尚云林以保天年，此去百年间中原六合为家，然后可图子孙之善福也。”言讫不见踪影，迨宋一统天下始知其言之灵验。

唐末正是黄巢起义之时，天下大乱不足为怪，渔翁之预言也不足为信，但这则史料却留下了“三洲古渡”的记载。

后来好事者渐多，皆因慕神仙之名而来。其实“宋以前三洲岩皆荆棘荒翳，渺无人迹，果有隐君子避地于此与否未可知也，必实为稚川侈神仙事，则凿矣”（清梁修《三洲岩记》）。有一点可以肯定的是，无论是到三洲岩寻访仙迹，还是拜谒先贤，都必经三洲古渡。

真正令三洲岩及三洲古渡名闻天下的是宋代的周敦颐。宋熙宁元年（1068 年），周敦颐任广东提刑时，曾取道贺州桂岭，经贺江出西江，于三洲古渡登岸，在三洲岩留下题刻而去。时端溪（今德庆县）县令许鉴，即于岩畔建濂溪书院，一时慕名前来者众，三洲岩及三洲古渡遂名声大振。

大文豪苏轼曾被远谪海南，遇赦北归至广西藤县，闻周敦颐之名，亦不惜长途跋涉，专程由水路经梧州至三洲古渡登三洲岩拜谒诸贤，留下题刻：“东坡居士，自海南还来游，武陵弓允明夫、东坡幼子过叔党同至。元符三年（1100 年）九月廿四日。”后宋丞相李纲被贬海南，途经德庆，亦为德庆秀丽山水吸引，于建炎庚戌（1130 年）经三洲古渡登三洲岩时留下题刻“玉乳岩”三个大字，并留诗："鼓柁下端溪，停桡登巀嶭……题诗制佳名，聊以纪岁月……"柁、桡都是船桨，可知李纲也是坐船到三洲岩，登岩处即三洲古渡。

古时文人墨客、船夫多在三洲古渡停泊，登陆游览三洲岩。陈白沙有《经新会坡亭》诗云："水绕寒柯雾半笼，游丝轻曳钓船风。三洲览遍题名处，间向坡亭说长公。"诗中说，江水环绕，寒风瑟瑟，雾气重重，树立岸边。钓鱼船系于树，缆绳如游丝，上船登岩，遍览三洲题名石刻。

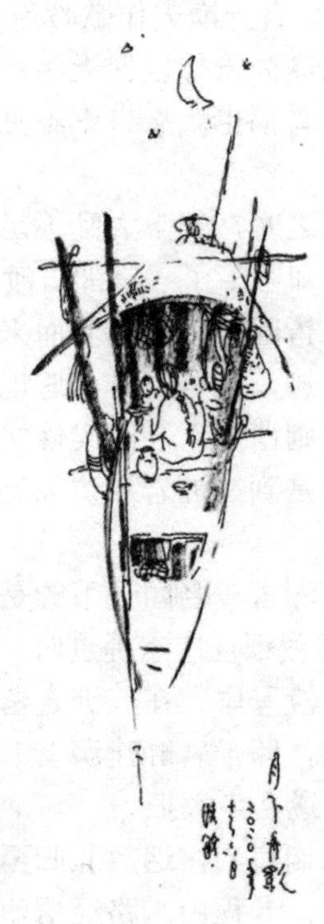

旧时，三洲古渡口是三洲岩附近村民过西江赶云安县六都集市的必由之道，也是"西江航道"的一大口岸。西江两岸绿草茵茵，繁花似锦，登高远眺，桑田旷野，尽收眼底。古时候，沿江两岸村民靠种桑养蚕为生，因此，这里桑树遍野，枝繁叶茂。江边一排排小木船，井然有序。小木船是渔家谋生的工具，渔民多到江中打鱼、钓鱼以及从事河道运输、运送过往客人的营生。

然而，渡口因社会发展而兴，又因社会发展而衰。历史的洪流中，它终究难抵由兴而衰的颓势。这些古津渡，见证了一代又一代人的生老病死，见证了世事繁华，见证了兵荒马乱。它犹如一本厚重的古籍，扉页泛黄却魅力依然，小心翼翼翻开一页，里面满是饱经沧桑的岁月和历史车轮前行的印迹。

据资料显示，津渡是西江、绥江水系的主要渡江形式，且历史悠久。明万历年间，西江两岸有津渡 68 处，其中高要县 23 处，四会县 7 处，罗定县 5 处，西宁县（今郁南）7 处，东安县（今云浮）2 处。清代，随着岭南的开发，津渡相继增多，清道光初年增至 124 处，与明万历年间相比，西江水系增加 53 处，绥江水系增加 3 处。此后，横水渡逐渐增多，尤其是中华人民共和国成立后，商品交流活跃，横水渡发展甚快，渡船多趋机动化。至 2020 年，全市横水渡 113 处，其中西江水系 96 处，占 84.95%；绥江水系 17 处，占 15.05%。

三洲古渡只是西江边众多渡口中的一个，更是中华大地千千万万渡口中的一个。无论是私渡、官渡还是义渡，渡口的出现涉及政治、军事、贸易、文化和民间交流等多个方面，在社会上有着极其重要的作用。也正因此，加上我国船舶技术越来越先进，使用渡船的人越来越多，渡口随之增加，一些渡口也修建得越来越完善，出现了为渡船客人服务的客栈、店铺等场所，还修建了用于迎来送往或小憩避雨等待摆渡的待渡亭，一些渡口因为河流两岸之间的贸易交流火热，甚至形成了繁华的贸易市场。因此，但凡水运兴盛的地方，大多会发展成一座繁华的城市。

历史上，作为西江沿岸重要渡口的三洲古渡口也曾风光无限，直至 20 世纪 80 年代依然是风风火火。西江一带曾拥有几十个渡口，如端州的二塔渡口，从兴起到繁荣再到衰退，曾是多少人的难忘记忆。到了 20 世纪 90 年代，肇庆开始修建 321 国道、西江大桥……交通快捷，车水马龙，川流不息，曾经是时代宠儿的渡口渐渐失去了往日的地位，相继停摆，令人不胜唏嘘。如今，更多的渡口成为滩涂上一道道歪歪斜斜的脚印，供人们寻觅历史的身影。

然而，古渡的身影在古代诗人的笔下无处不在，这也为古渡在历史长河中留下难得的印记。“觅花来渡口，寻寺到山头”“渡口欲黄昏，归人争流喧”“新晴日照山头雪，薄暮人争渡口船”……诗中记录的渡口繁华景象已成往事，在历史滚滚向前的洪流中，渡口注定只是过客。

悠悠津渡，沧桑岁月。百年木棉依然守候着这方已在红尘中黯淡落寞的三洲古渡，不离不弃，仿佛世间最痴情的女子。它更以坚强而执着的身影，给我们留下了一幅守望乡土，凝望乡愁的难得图景。

2020.03.07

三洲岩怀古

这几年，沿着西江奔走，每每与它擦身而过。远远看去，一座海拔不足百米的石灰岩山体，独自屹立于绿树掩映之下，并无多少特别之处。但当我真正走近它才知道，世间的珍异、雄奇、神秘之物，往往要走近它，方能领略。

古时相传东海中的蓬莱、方丈、瀛洲这三座山上住着神仙，三洲岩就是取蓬莱第三洲之意得名，三洲岩因此被冠以“神山”之称。

据德庆史料记载，三洲岩有仙翁，庞眉皓首，或樵或渔，不知其姓名。唐天祐三年（906 年），德庆县史上首位进士李谨微赴任番禺县令。他乘船沿西江西行，夜泊三洲岩时作歌吟诗，引来一位渔翁乘舟而至，两人一见如故，饮酒畅谈。李谨微听了渔翁的话，没有赴任番禺，而是隐居在三洲岩附近。

公元 960 年，宋太祖赵匡胤建立了大宋王朝。

宋初的康州（今德庆）知州为了升官发财，给朝廷上了一道奏折，称唐代德庆进士李谨微在三洲岩夜遇仙翁，仙翁能够洞察天下大势，大宋一统天下是天意。

宋代的赵氏皇帝为了江山稳固，大肆宣扬德庆县知县的奏折内容，三洲岩因此出名，引得文人骚客、达官贵人纷至沓来，梦想能够在此沾一些“仙气”。

走近三洲岩，走进那个鬼斧神工的巨大溶洞，仰观壁上那 90 多幅由宋至清的摩崖石刻，仿佛有一种似曾相识之感。对了，肇庆七星岩中的摩崖石刻，不也是刻在石灰岩壁上的吗？难怪史料记载，由宋至清，共有 174 位名人雅士、达官贵人前来三洲岩，留下了 200 幅摩崖石刻，其中宋刻 38 幅、明刻 150 幅、清刻 12 幅，其摩崖石刻之多，可与七星岩相比。其内容既有题记和题字，也有诗词歌赋，都是赞美三洲岩的自然景色、神仙传说。这些石刻的作者，既有朝廷大臣、各级官员，也有名人进士、流放之臣。

小小的三洲岩究竟有何独特魅力，竟然引得无数文人骚客、达官贵人前来题字赋诗？当我身处岩洞，转身往外看时，仿佛听见了滚滚车流从旁而过，而更远处，是的，就是西江。苍苍三洲古渡，就在三洲岩附近。可以想象，古人到三洲岩，一定是乘船前来，下船后沿着崎岖山路蹒跚前行。

徜徉于洞内，我想象着当年那些沿西江而行的文人墨客，他们大都是被贬到岭南之地，心中未免寥落惆怅。但他们心中升腾的傲骨侠气，促使他们在逆境中挺立，并以“居庙堂之高则忧其民，处江湖之远则忧其君”的文人情怀，将自己融进异乡的山水中，并努力继续着人生的漫漫之旅。

当年苏轼从海南北归，不惜绕道长途跋涉，从藤县专程前来三洲岩一游，留下题名而去。此事虽不算文化大事，但其影响却很久远。清末著名爱国诗人丘逢甲未有亲履三洲岩之缘，却知苏轼三洲岩题名一事，即题诗一首，诗中说：“古人弃我去，留我题名处。何时我来游，亦刻数行字。”

今日的三洲岩，其貌不扬，似乎很难引起人们的注意，但它的历史变迁给人许多启迪。从明末德庆人李逢升的《三洲岩记》以及光绪年间的《德庆州志》可知，当年的三洲岩雄踞西江岸边，巍峨峭拔，古树长藤，山翠如城，更有奇禽异鸟，虎啸鹿鸣。山上平旷，广可数亩，有居人数家，有人题曰“四氏村”，宛如仙境。登上至人峰，于阅空亭上放眼远眺，游云聚散，恍若身在霄汉而忘归也。人们认为其景色仅亚于肇庆七星岩。清朝之后，虽仍有雅士骚客题咏不绝，却鲜有前往摩崖刻石者。这又是为何？

至清末梁修撰《三洲岩记》时，洞内外石刻多已“漶灭不完”，而“轰石燔灰”的现象持续不断，至 20 世纪 80 年代末才停息，三洲岩则已面目全非。三洲岩的变迁是一曲文化的悲歌，令人拊膺长叹。对历史文物的破坏，是不可饶恕的罪行，因为历史文物不可再生，其损失无可挽回。

三洲岩曾是名人荟萃之地，德庆因而得到优秀文化的浸润，重文兴教盛极一时。所谓人杰地灵，概是如此。直到清乾隆年间，著名学者李调元还以“粤东诗萃于德庆一州”赞誉德庆。此后，文风则不复往日，而三洲岩也日渐破败，这难道是历史的巧合？如果没有文化的滋养和浸润，人又怎能走得更远？

2020.01.15

拜谒龙母庙

我的童年，有青山、河流、翠竹、渔歌，天空阔大，绿野苍苍，充满自然闲趣，可缺少了一种崇高、庄严和灵气。直至我来到西江边，将那些散布的古楼、古塔、古庙、古寺，一一踏足、探访、了解，方知道，原来是缺少了宏大的气象，缺少了古建，缺少了庙宇。那些巍然耸立的建筑，确实是给人一种心灵上的庄重神秘感，并且这种影响是长期的，甚至可以塑造人的性格。

有好多年，在五月初八德庆悦城龙母诞当晚，我目睹成千上万的善男信女，将一座古老的庙宇挤得水泄不通，争上头炷香时，我在想，是什么力量驱使他们年复一年地前来朝拜呢？甚至这种力量可以超越国界，超越地域。这种“四海朝宗”般的伟力，从古绵延至今，而且没有衰减，确实是值得思考的。

每次来到悦城龙母庙，仰望古朴挺秀的石牌坊，在“龙光入观”四字指引下进入，徜徉于雄伟的山门、独特的香亭、流光溢彩的大殿、古朴的碑亭之间，我都有一种向崇高、威严的神灵拜谒之感。

龙母庙前临西江，背靠五龙山，左右青黄旗山两相拱卫，形成“五龙护珠”之势。在这块“灵气独钟”的形胜宝地之上，“灵水洄澜”，波不扬涛，西江水流经龙母庙前似有灵性般团团回旋，不愿离去。

溯西江而上，可抵桂、滇、黔；顺流东下，经广州、江门，可直达香港、澳门。水量丰足的西江，为沿岸地区的农业灌溉、河运、发电等做出了巨大贡献，也给沿岸居民带来过灾难。很多德庆人都记得，1994 年 6 月，连日的强降雨使得西江流域发生 50 年一遇的特大洪水，龙母庙被淹，目及之处一片汪洋。古代西江流域水患极为严重且频繁，有史料记载，自宋太宗至道二年（996

年）至清光绪十八年（1892 年）的 896 年间，德庆地区就发生过 73 次大水灾。无怪乎太史公司马迁要感叹：“甚哉，水之为利害也！”

千百年来，肆虐的洪水一直是生活在这方土地上的人们的心头大患。古代先民为求得西江安澜，只能把希望寄托在某种超自然的力量上，祈求云天之上“法力无边”的神祇护佑苍生。

龙的传人拜龙母，龙母故乡是德庆。如果没有龙母，德庆只是西江边上一个普通的小城，正是因为龙母长久的福荫，德庆这颗西江明珠才更加璀璨。

历史悠久的德庆，孕育了绵延两千多年的以“母仪龙德”闻名遐迩的西江龙母文化。每年的五月初一至初五悦城龙母诞期间，来自珠三角，甚至海外的信众都会前来参会，他们怀着虔诚和美好的愿望，向他们心目中至高无上的河神——龙母朝觐敬拜，贺诞祈福。他们都相信，在“母仪龙德”的护荫之下，他们的愿望一定可以达成。

悦城龙母信仰的历史十分悠久。《悦城龙母庙志》引清代程鸣《孝通庙旧志》载，悦城龙母原籍广西藤县，生于楚怀王辛未年（前 290 年）五月初八，卒于秦始皇三十六年（前 211 年）八月十五。龙母本是秦代生活于西江上游的一个庞大的龙族团支系领袖，带领族人从广西到广东寻找营生的宝地，落籍德庆悦城，发展壮大，并为当地人民做了不少好事。她在西江打鱼时拾到一只五彩石蛋，后孵化出五条小龙，她精心养育五龙成才，百姓因而亲切地称她为龙母。五龙慈孝报恩，辅助龙母广播恩泽，造福人民。龙母以崇高的“母仪龙德”教化百姓，福佑苍生。龙母去世后，人们便在悦城水口五龙山下建庙祭祀她。秦始皇因她“有德于民，有功于国”而敕封她为“秦龙母”。清代秦世科在《重建龙母庙序》中说：“有龙母庙，自秦而汉，而晋，而唐、宋、元、明，膺封十数朝，享祀二千载，迄今颂其功，称其德，咸啧不置。”

龙母信仰的产生和发展有其特定的历史原因：一是当地崇巫

尚鬼的习俗。“乡村男女多椎髻跣足，少服药，好巫祝”，“粤俗尚鬼，崇饰犹繁”。（《德庆州志》）这是龙母信仰产生的深厚文化土壤。二是气候方面。每年的三月到九月，当地多有瘴气，“商旅氓隶，触暑徂症，与夫饮食不节，不善摄养者，每为所中”（《德庆州志》）。自然灾害频繁发生，这是龙母信仰产生和发展的最根本原因。三是地理方面。悦城龙母庙地处西江水患多发地带，给行船带来相当大的危险。清代张纯贤《重建龙母庙碑序》云：“德庆州之悦城水口……飞湍危滩，汹涌澎湃，若非有神以司之，则舟楫之行，祸且不测。”这种特殊地理环境，是促使人们将龙母作为河神来崇拜并形成龙母信仰的内在原因。

龙母，作为珠三角一带的河神，人们对她的崇拜由来已久，于是四时觐拜，络绎不绝，悦城龙母庙因之成为“四海朝宗”的圣地，体现了朝拜者作为“龙的传人”对祖先的无限追思。

明洪武之后，至民国时期，西江上下游各埠民众对龙母祭拜更盛。人们愿意相信，正是每年敬拜龙母的虔诚之心，使他们一年事事顺畅。人总要精神上有所寄寓，心才能笃定安稳，不是吗？龙母诞期间，有不少人是每年必到的，他们不厌其烦地前去祭拜，给龙母上香，在龙母像前祈愿。此外，还有越来越多的人到悦城龙母庙寻根，缅怀这位西江流域的伟大祖先。

悦城龙母诞庙会自秦以降，膺受历代皇帝的敕封已有1000多年的历史，在这千百年来的龙母信仰和民间习俗中，形成了岭南独具特色的龙母信仰相关民俗。人们通过举办酬神祀祖、竞艺竞技、贸易物资等各种丰富多彩的活动，将龙母诞庙会演绎成岭南地区以及港澳台地区四海朝宗的最富有影响和特色的民间庙会，也形成了一个规模宏大的物资交易会。

每年的龙母生辰诞（五月初一至初八）和得道诞（八月初一至初八），悦城龙母庙上空香气弥漫，爆竹声不绝于耳，信众如潮，声势浩大，让人惊叹。近年来，德庆大力发展文化旅游，提升龙母文化内涵，传承和弘扬“母仪龙德”的龙母精神，闻名遐迩的龙母已经成为德庆的名片。在龙母文化产业发展上，德庆更是不遗余力，不仅建设龙母文化产业园，在宣传龙母文化上更是新招不断，赋予龙母文化内涵的文创产品层出不穷……

龙母有功于国，有德于民。在人民群众的心目中，龙母是美的化身，是善的代表，是力量的体现。

拜谒龙母庙，拜谒一座灵性的庙宇，更是拜谒一种上善若水的性灵与真我。

2017.06.08

对一座古塔的聆听

几年前，我逆西江而上，去康州古郡工作生活，当车子快进入城区时，那座高高耸立在白沙山上的三元塔进入我的视野，引发了我的遐思。

有江的城市必有塔，塔成为沿江城市的一种标志，这是有历史传统的。塔乃人们与凶猛的洪魔斗争的产物，又或是作为风水塔，镇守着一方水土，庇佑人民的安康。而人文昌盛，希冀出人才的地方，往往建有文塔。三元塔即为祈求文风鼎盛，取三元及第之意而建。

在一个秋日的午后，我独自来到三元塔。仰望着三元塔一塔擎天的雄姿，近距离感受江风塔影，才恍然惊觉，原来自己到此地已经五个春秋了，竟还没登临过这西江边上的著名景观。每次，它都是我进入德庆的一个参照，只有看到它，我奔走在路上的那种紧绷的心情才会放松下来，紧缩着的心才会舒张开来，安定下来。五年来，无数次地远眺它，仰望它，想象着它的故事，感受着它对这座小城丝丝缕缕的影响，不觉间，我也融进它注视的目光中了。

多少年了，三元塔巍然屹立，风貌依旧，固守西江，目视着逝去的滔滔西江，冥思着无穷的古郡光阴。

一座历史悠久的城市，每天都上演着不同的故事，或精彩或悲伤，不过这一切瞬息万变，或许会被人们遗忘，但那屹立千百年的古塔，一直俯视苍生，见证流变。

我从小生活在江边，可我的故乡没有塔，所以塔对于我来说是陌生的，好奇的，尤其是这座已经矗立了 400 多年的古塔。

三元塔建于明万历二十七年（1599 年），砖木结构，其精湛高深的建筑艺术令人赞叹。俯仰塔宇，独柱擎天，外观 9 层，内分 17 层，塔高约 58 米。塔身呈八角形，为楼阁式平座砖塔，塔壁厚 3.8 米，塔内几何线条精确匀称。

它的每层塔身护栏，均以木质围护，每层塔身檐角悬挂有风铃，檐梁、角柱、门帮颜色红白相间。塔座由红砂岩和花岗岩砌成，须弥座各面刻有浮雕图案，转角处均雕饰神态各异的 8 个托塔力士，造型优美，形象有神。

这样一座雄伟的建筑，在当时的生产条件下，究竟历时多久才建成，史料中并无记载，未免是个缺憾。人们总是记得那些重大事件的发生或是伟大建筑的落成，最让人记住的时间节点，也是那些万众瞩目的揭幕时刻。至于用了多少时间去筹备或者酝酿，却往往为人所忽视。也正因如此，那么多为之付出心血的工匠，一直湮没在历史的长河中。

历史是这样记载的：明万历二十七年（1599 年），康州知州沈有严为满足百姓祈求科举考试金榜题名的美愿，倡建了这座三元塔，取科举考试制度中“三元”之意。这“三元”是指当时科举考试中殿试、会试、乡试的第一名，即状元、会元、解元。但是到了清朝以后，这“三元”又演变成专指殿试中的一名三甲，即状元、榜眼、探花。

据说，当年沈有严倡议在白沙山建三元塔时，大家都认为是一件好事，于是有钱的出钱，有力的出力。但有一个财主信奉佛教，喜欢清静，一天，村民们向他募捐时，他正在念经打坐。财主为了尽快打发走这些村民，就说只要三元塔建到“只许新，不许旧”的水平，他就会出全部的批荡（即抹灰）费用。三元塔建成以后，工匠一改过去用土朱灰浆来批荡，全部采用名贵的银朱灰浆来批荡，一共用了 999 斤 9 两银朱。因为银朱是一种不溶于水且在空气中不易氧化的矿物颜料，能够经得起风吹雨打而不褪色。因此，三元塔自建成以来，虽然经历了 400 多年的风雨侵蚀，但时至今日，依然鲜艳如新，光彩照人，故享有“只新不旧”的美誉，被称为“常青塔”“永恒塔”。这也是三元塔被列为我国“古塔四绝”之一的原因。

古塔风流，意韵绵长。三元塔俨然已经成为德庆的象征，有了它，这座小城就多了古典的风貌和气息。有了它，这座城市就具备了明确的方位和渊源。当越来越多的现代建筑崛起，三元塔还是那样孤傲地挺立着，丝毫不受现代的浸染。它那种汲历史之风霜、融人间之智慧、浸入前朝能工巧匠的精湛技艺，使它在富丽堂皇的现代建筑群里毫不畏缩。它所散发出的气息，甚至使远道而来的人们流连忘返。相反，没有人会用这种心情去对待新潮的大厦。

我第一次登临三元塔，就惊叹于它的坚固和精巧。造塔的时代已经远去，云来云往里，风起风止时，有不少古塔坍塌在历史的烟雨中。今人不再造塔，而塔却敌不过风雨，于是由崭新而陈旧，完美而残缺。

塔是长久木讷的，倘若没有塔铃，怕是单调失色不少。只有檐角悬挂了塔铃的那些古塔，才能借助高天长风，发出自己深沉的声响。三元塔上檐角的铜铃也与古塔一同老去了，每天，铜铃应和着风和西江上的船笛，给古塔以古朴的生气。这座孤立的塔，有了铜铃的相应相和，才少了许多寂寞和孤傲。塔铃与塔的存在一样，构成不可替代的声响，没有一座塔的声音是一样的。我相信，只要用心去聆听的人，定能听出许多不一样来。

朋友说，忽然看到三元塔上的铃铛，不由顿生感慨：

在佛教中，铃有惊觉、欢喜、说法之意，在我看来，有形之铃藏无形之声，风动则铃动，铃动则声动，风与铃则为外物外力，具体而微，无此不能发声，然风动铃动者，实乃心动也，心不动，声若不生。无限生于有限，无限之声生于有限之铃，有限之铃也因无限之声而更有价值，如此有无相生，皆因若有限若无限之心使然。

如此可见虚空之用，窗因其虚空而进大光明，人不也因其虚空而进大光明乎？智慧、功德、财富都像虚空一样广大，需要我们追寻，也需要我们善藏谦逊，人法地，地法天，天法道，道法自然。

内心深处的淡定从容，不以物喜，不以己悲，超然物外。一切皆有道，理顺皆有得。得也好，无也好，我就在这里，淡然如水，仰望天空。万法自然。

朋友语此，可见领悟颇深。

矗立在高处的三元塔，携带着风霜雨雪的长久浸润，那种清高和孤傲，老远就让人闻到前朝的气味。

虽说当初的造塔者，在建造过程中都心怀虔诚，可是几百年后矗立在我们面前的，无论是形或质，都有了相当的差异。除了造塔的材质有别，不同历史时期、不同地理空间对塔的理解，也是造成差异的成因。对一座古塔的聆听，要追溯它的过往，尤其是建造之时。

从三元塔提供的登临条件，我们不得不叹服古人的智慧。塔梯虽然陡峭逼仄，却空气流通，因此塔内就不至于深邃和黑暗。抚摸古塔内壁，光滑而细腻，触感虽然单调冰冷，但仿佛时光一寸寸地穿透手掌，沁入心扉，让人在幽暗中感悟岁月的厚重。

古塔就是时间的代言，在塔顶嗅得出时间的奥秘，让人冥思多于赞美。当人们经过一层层的攀爬，气喘吁吁地抵达顶层，走到塔外，倚靠栏杆向外远眺时，一种高迥的意境就会渐生于心。看远处，西江如玉带，一江澄碧，浩浩西江上舟楫往来，百舸争流；看近处，两岸景色如画，黄叶随风飘舞，嫣红的夕阳缓缓地落下，暮色升起……我一直固执地认为，写作的人一定要多去感受这样的大气象和大气势，这种体验多了，文笔一定携有苍凉的大气度。可是，现在登临者大多没有登高作赋的雅兴了，除了文才不继，也缺乏壮怀激烈的情调，这不能不说是一种遗憾。

用现在的眼光看，塔并无实用。建塔之初，人们巧妙地运用了《周易》中的阴阳学说、八卦方位和五行数理，和阴阳于一体，融五行于其中。人们对一座塔寄予厚望，使它的每一个角度、每一个层面，都有智慧的留痕。古塔的八角各有神态逼真的“托塔力士”同心协力顶托宝塔，寓意团结一致。首层两个圭角形洞门与对面隔江的三重山呈一条直线。构筑者总是将广大的世间之物，浓缩在一座塔里，让人触目绝伦的工艺、斑斓的雕绘，不禁心神荡漾。

古塔的盛期已经流逝，与古塔争相轩邈的建筑群越来越密。三元塔的特别之处是，虽年深日久，历经岁月的洗礼却依然如故。它仿如古郡一支巨大的笔，无须经常擦拭，却历久弥新，给人以笃定和心安。

再坚固的石头也会灰飞烟灭，而柔软的人心却顽强地保持着对历史的向往，几百年了，造塔者的精神从未远离。在他们眼里，塔就是一种标志，一种可以让心灵安定的标志；塔又是一种界定，界定着心灵向往的方位。他们每日对塔遥望，聆听塔铃清音，正是缘于一种内心的需要。这样的人毕竟不多，正如古塔只会减少不会增加一样。

三元塔，走过历史的漫长岁月，见证了古城的风雨，历数着时代的风云变幻。它矗立在康州古郡，更矗立在德庆人的心中。我们只需靠近一点，再近一点，便能聆听到那份属于它的乐章，悠扬、古远。

2019.12.21

巍巍孔庙觅狮踪

我的家乡没有高大的庙宇，神明、信仰这些词似乎离我的生活很远。直至我来到德庆，每次踏进德庆孔庙，我心中都油然而生一份庄重与安详。孔圣人塑像凝视前方，循着隆隆作响的马达声远眺，看着船舶在西江碧绿的江面上繁忙穿梭。

德庆孔庙是中国南方现存最古老、规模最宏大、建筑最具特色的孔庙，现为全国重点文物保护单位。来德庆旅游的人们，无不为其悠久的历史和浓郁的儒学文化氛围而赞叹。景区内建于元大德二年（1298 年）的大成殿，比著名的番禺学宫大成殿早 70 多年，比苏州文庙早近百年，比当时全国最高等学府北京国子监也早 10 年。德庆孔庙更以“四柱不顶”“减柱四根”“出昂特长”等独具一格的高超建筑艺术享誉中外，被誉为南国古建筑一绝。孔庙是传道授业的地方，人们徜徉于古色古香的德庆孔庙景区内，从这座“凝固的历史教科书”中得到儒学的熏陶、思想的启迪。

德庆孔庙大成门前有两尊石狮，几百年来，它们静静地伫立着，来来往往的游人对它们的关注度似乎并不高，但它们与德庆却有一段故事。

细看这两尊石狮，青石质地、呈色自然。线刻简洁粗犷，造型生动形象：卷发、鼓眼、大嘴、卷舌、露齿、朝天鼻。双狮前额与头部的鬣毛，以及背部的卷毛纹，虽仅寥寥数刀，却勾勒出其威武而又温驯的外貌，惟妙惟肖，极具动态变化。双狮威严犹存，其憨拙神态也表露无遗。右侧的石狮蹲立，身形圆润，头微微向下，显得温顺可人；左侧的石狮蹲坐，形体相对消瘦，却精神矍铄，双目直视前方，显得威风凛凛。

这对石狮距今已经 970 多年，比广州现存最古老的石狮，即光孝寺内的南宋小石狮，还早约 400 年，是广东省内石狮耆老之一。据说它们是北宋皇祐四年（1052年）御葬康州殉难知州赵师旦之物，后来赵师旦还葬故里山阳（今江苏淮安），它们被遗留了下来。现在德庆城北郊还有个地方叫石狮村，就是当年赵师旦御葬所在地。这对石狮后来几经辗转，被安放在德庆孔庙作为镇庙之物。

北宋皇祐四年（1052年），广西壮族首领侬智高起兵反宋，攻占广西邕州（今南宁）后顺江而下，先后攻陷封州（今封开）、康州（德庆）和端州等州城。据德庆史料记载，宋代的康州与端州平级，管辖端溪（今德庆县城及郁南县部分地区）、乐城（县城在今德庆县悦城镇）等县。同年三月，康州知州赵师旦在明知州城难保的情况下，决定与康州城共存亡，并叮嘱临产的妻子携带州印，跟随康州城内百姓逃到山谷躲避，他和康州兵马监押（兵士的长官）马贵率领300名兵士迎敌。赵师旦得知康州守军全军覆没，端坐在知州大堂，痛斥前来劝降的侬智高，最终惨遭杀害，后被安葬在德庆县城附近的大山上。

朝廷派大将狄青平定了侬智高的暴动后，追封赵师旦为光禄少卿，特许以将相规格安葬，并敕命在康州城修建忠景祠以纪念，王安石还亲笔撰写墓志铭。

在中国历史上，像康州知州赵师旦这样级别的地方官，战死后能够以将相规格安葬，委实不多见。由此可见宋朝对忠君报国之士的重视。

今天，我们来到德庆孔庙大成门前，驻足端详两尊石狮，忍不住伸手去抚摸它们。历史给人以厚重的沧桑感，使人不由得生发思古之幽情。有关石狮和赵师旦的故事，不免让人增添了几分失落和忧伤。

2017.09.06

寻踪香园愁几许

我去过好几次香园，皆是工作之故。先前，我已通过一些文史资料了解过它。

香园之得名，来自香山寺。香山是德庆的名山，名山藏古寺，人文胜迹与优美风景相得益彰，相互映衬，这就使得风景不再空寂。

香山成为名胜始于唐宋，其上有乾明寺、浮香亭、佛迹石、豁然亭等古迹，直到今天仍然是游客登临游览的佳处。

香山寺始建于唐，年代久远早已圮坏，这里林木森森，泉声鸟语，环境幽胜。明代诗人孔时有“绿树团阴归鸟雀，碧泉流玉荫桑麻。山亭六月应无暑，香木三春不落花”之句。清康熙五年，德庆知州秦世科重建香山寺，改名为“香山古刹”，并在周围广栽嘉树名花以增添景致，香山现存的古树有的便是此时栽种。

香山中学的前身即是香山古刹，虽时过境迁，但香山古刹之旧观还依稀可寻。晚清诗人梁修写有“拔地西风寒，问何时，瓶钵西来，飘然声遏顽云，留迹危石；怀人一水逝，想当日，衣冠南渡，剩此孱王潜邸，废相荒亭”一联，通过宋帝南逃、丞相李纳庵内隐居等事，为香山寺的历史作了文字记录。

随着时代的迁移，旧的景物成为陈迹，被新的景物所代替，这是历史的必然。如今，香山古刹已不复存在，遗留下零星几处古刹遗址供后人凭吊，唯有那时栽下的各种古木，静立于香园内，无惧岁月激荡，风雨侵袭，仍顽强站立着，蓊郁着。

梁修在《香山寺序》中写道，这里“林木蓊翳，多贝多、红豆”，四周有“森森古松”，有“菩提之树、贝多之花”。如今，漫步香园，只见古木葱茏、浓荫蔽日，耳畔时时传来啾啾鸟语。那拔地参天的红棉、苍劲多姿的山松、如盖婆娑的古榕，以及清香古雅的鸡蛋花、丹桂、白玉兰，高大的枫树、樟树，盘根虬干的龙眼树、荔枝树，姿态苍古，风采各异。

“香山兰若”本来是“德庆八景”之一，可如今称为“晋康八景”的“香山精舍”已不在，曾响彻晨昏的钟声已不复闻。那僧尼信众、游人访客皆随历史的脚步走散了，那曾经的繁盛烟云、笙箫弦歌、浅唱低吟，也已消散在风中，仅仅留存些许零落文字，蜷缩在历史的黄卷中，让后人缅怀、追忆……

迈进香园，香园东侧幽静的古磴道旁边，一株巨大的古相思树（红豆树）傲岸苍劲、雄浑高大，引人注目。此树胸径一米多，枝柯高展，意态轩昂。嫣红可爱的相思豆时而落在身边，拾取玩赏，十分有趣。香山寺昔日有许多红豆树，如今仅存这一株供人追思了。

这里的古木得香山水土精气的滋养，显现出与其他地方不同的风姿和样貌。哪怕是岭南常见的鸡蛋花，也显得古意充沛，形态独特。鸡蛋花又名贝多，是佛门净土的嘉树，梵僧每以其叶书写经文，称为“贝叶经”。这些鸡蛋花是昔日僧人由城中文昌宫移植于香山寺的，光阴流转，如今都已躯干佝偻，形态古拙有趣，那白色黄蕊带着幽香的落花俯拾皆是。在香园的那几株鸡蛋花，伴随着艺考的学子，见证寒暑往来，它的静气幽香都收入学子的眼中，成为画，成为他们心中的风景。

香山园众多古树当中，最珍贵的是那株古菩提。菩提原来自天竺国，是佛教的圣树。据《德庆州志》载，香园里的这株菩提，是康熙八年（1669 年）知州秦世科从康州八景之一的“光孝菩提”（德庆城西光孝寺）的母树中分出，移植而来的。现在树高约 20 米，树围 5.6 米，三个人合抱不过，树上长满了碎骨补、石苇等附生植物。岁月悠悠，古菩提早已头躯屹突，布满坑稔，根盘裸露，痕迹累累，但叶片亮泽，紫翠欲滴，毫无垂老之态。

寻踪香园愁几许，别梦依稀云水间。世上无论多么博大庄严、雄浑壮观的事物，大概都无法匹敌时间，无法与时间并肩同行。

香园也一样，在历史的进程中，它也许不值一提。但它以沉默的方式诠释着已逝的历史，以宁静的姿态抒写着淡泊的永恒。

2017.06.11

金林墟：一个千年乡村墟集的流变图景

岭南一隅，西江河畔，康州古郡，物阜民丰。以“崇德致庆”之名声名远播的德庆，有一个兴盛不衰的墟集——金林墟。和别的地方隔三岔五的墟日不同的是，德庆的金林墟是一年一度的。

南方人称“趁墟”，北方人则唤作“赶集”。为方便各村乡民前往，墟场多设在乡村之间或水陆交通要道，金林墟也是如此。

在德庆，每年五月十三，方圆上百里的村民、商贾都会云集金林墟。在这天，人们在金林岭头一带摆满竹器、木器，以及禾桶、担挑、簸箕等农具，还有台、椅、柜、盆、篮等各种日常用品。那一天，买卖者、探亲者、相亲者熙熙攘攘。

金林墟究竟形成于何时，老人们也说不清楚。大抵由来是，传说龙母在当地修建了六个行宫，在每年的龙母诞后，龙母先后要到这些包括金林村在内的行宫巡游、小住，福荫万民。当日，百姓云集欢迎龙母，并拿出自家各种中意之物祭拜龙母，渐渐地，龙母每到一处，当地就形成一个集市。金林村北面有一座远近闻名的“庆安宫龙母庙”，至今香火不断。因当时交通不便，金林村一带百姓到龙母庙所在地悦城较为困难，故每逢龙母诞期间便集中到金林村来拜祭龙母。久而久之，便形成了这个特别的墟集。

在德庆众多的墟集中，尤以金林村形成的集市规模最大。远近闻名的金林墟，为什么定在五月十三呢？相传这一天是“下雨节”，是关老爷的“磨刀日”。自明代起，民间定五月十三为关公圣诞，海外华人也多在这一天举办相关的关帝祭典活动，参与者甚众。

长盛不衰的金林墟绵延至今，论规模和人流量，虽不及阳春高流墟的人气鼎盛，也不及一些地方的墟集专业，集中售卖单一的商品，但它悠久的历史和民俗特色，以及物资交流与地方特色的结合，使它一直以来吸引着各地游客慕名而来。丰富多彩的民间活动是金林墟的又一大热点。当日，从早到晚来庆安宫龙母庙祈求风调雨顺、五谷丰登的善男信女络绎不绝。拜祭仪式结束后，还有舞鸡、舞狮，八音班游行，唱采茶歌、粤曲、山歌和跑旱龙等民间艺术轮番上演。每逢一年一度的金林墟日，热情好客的金林村村民，会早早准备好山村美食，沽酒割肉，大摆筵席，热情招待前来“趁墟”的亲戚朋友，家家户户像过年一样，忙得不亦乐乎。

趁墟是农耕文化的产物，在物资匮乏的年代，对农村或者郊区来说，墟集是繁华的象征。当时，墟集是人们唯一可以购物的地方——吃的用的，除了自行种植、生产外，只能等墟日在墟上购买、交换。随着商业的发展，墟集逐渐被随处可见的商店、超市、电商代替。在这个随时随地都可以买卖的年代，作为农耕文明产物的墟集，虽未全然消失，却只能在夹缝中生存了。

而今，到金林“趁墟”的人，与其说是去凑热闹，不如说是怀旧。对于已经不愿去实体商超的年轻网购一族来说，传统意义上的墟集也许是一个难以想象的存在。然而，尽管趁墟的概念正在逐渐消失，但“墟”这种买卖的形式却不会，一年一度的金林墟还有那么多人远道而来。

我想，很多人特别是一些上了年纪的人，之所以喜欢墟集，是因为那种可以讨价还价的乐趣，这在明码标价的超市是无法感受的。此外，来趁墟的农户、商家并不固定，每次去都能看到不同的商品，这样的生活趣味，说不上有文化深度，但极具生活况味、乡土情怀，是民俗文化的构成元素，也是生于斯长于斯的人们的精神归依。时至今日，德庆的各乡镇都有墟日，这也成为墟镇经济长盛不衰的明证。而规模最大的金林墟，尽管其热闹程度已经今不如昔，然而，存在过就是它的价值与意义所在。

我以为，没有什么忧伤郁结不可以在墟集上得到治愈。墟集是最有生气的地方。它不同于开着冷气的商场，也没有漂亮的玻璃橱窗和华丽的吊灯，它是嘈杂多变的，充满了意外、创造力和人情味。它让我们放松下来，丢开疑虑和戒备，在人来人往中优游其间，寻找一切有用或无用的东西。若赶上阳光灿烂的日子就更加完美了，水果五彩缤纷，花束暗香浮动，肥壮的鱼在池里挣扎，油炸的小吃散发出诱人的香气……还有，那些竹木制品、农副产品等，都远离了快速的工业化生产，远离了时尚精致，带着制作人的纯朴、耐心和细致。是了，缓慢，细致，简单，这一如你逛墟集时的心情，尤其是在一切都快速运转的现代生活下，忙碌的现代人是时候重返现场，体验一下“趁墟”的乐趣与滋味了。

快去吧，趁还有“墟”……

2017.05.01

寂寂风雨亭

“送君千里，终须一别。”“十里长亭望君泪，百年相思执子心。”每当看到这些有关长亭的这些名句，一种苍凉的意境就会浮现心头。

小时候，交通没有现在这样发达，每逢节假日，父亲骑一辆二八寸凤凰单车，载着一家三口，奔走在镇子与家乡之间。那长长的沙土路旁，每显现一座青瓦白墙的亭状建筑，父亲就停下车来，一家三口可以暂歇一下。那时，在偏远的乡间才有这样的亭子。亭内，两边各有一条长长的青石凳，可坐十多人，石凳上方是长长的青石壁刻，上面留着当年捐款修亭的善士的名字。这些亭子，有的还颇为讲究，既融入了当地的风土人情，又精选一些对联、格言刻上，进行潜移默化的教化，还刻有大量的诗词歌赋、花鸟虫鱼供人欣赏，久而久之，形成了别具一格的长亭文化。

这些亭子，我们家乡人多称之为“风雨亭”，不仅因为它有供人歇脚之用，而且能供人暂避风雨。那时候，小小的我仰头认着亭内刻的黑色文字，心中不由得涌动着一股神圣感，这些名字，千百年来，该被多少人看见，被多少人记着啊！那些乐善好施之人，也许当初只不过是一个极小的举动，想不到却能流芳千古。

风雨亭，矗立在高山峻岭或羊肠小道，古时，一切商旅货运全靠徒步肩挑，怎能没有它？在偏远山区，在主要道路的关隘、坡顶修建的风雨亭，不仅供过往的旅客、挑夫歇脚，遮风雨、避寒暑，同时也见证着岁月的变迁。但随着改道或是道路升级换代，风雨亭渐渐退出了历史的舞台，有的被拆除修了大路，有的改成了庙宇，更多的被推倒在地，完全不见了踪影……不再有人半途停下，进亭子歇脚后重新上路，人们对它的关注和保护意识也淡化了。作为中途休憩的场所，风雨亭仅存在于文学作品中了。

绥江边上，我童年歇过脚的风雨亭，早已湮没在历史的风云里，不再有人记得，连同亭壁上的名字。来到西江畔工作生活后，我却又意外地见到了风雨亭，也许是因为远离大路，它们才得以幸运地留了下来。

高良镇罗阳迳的风雨亭，没有门联，亭子的墙壁上书有一副清代著名诗人宋湘的长联：

今日之东，明日之西，青山迭迭，绿水悠悠；走不尽楚峡秦关，填不满心潭欲壑；力兮项羽，智兮曹操，乌江赤壁空烦恼，忙什么？请君且留片刻，把寸心，思后想前，得安闲时且安闲，莫放春秋佳日过。

这条路来，那条路去，风尘仆仆，驿站迢迢；带不走白璧黄金，留不住朱颜皓齿；富若石崇，贵若杨素，绿珠红拂终成梦；恨怎的！劝君解下数文，沽一壶，猜三道四，遇畅饮时请畅饮，最难风雨故人来。

这副对联，放在风雨亭再恰当不过了。上联告诉人们：人生的道路是走不完的，人的欲望也是难以填满的，劝告人们不要过分强求。又以古人为鉴劝解今人，人生几十年，无论你事业如何轰轰烈烈，始终会有烦恼，倒不如抓紧时间享受美好时光。下联更加现实：即使你富比石崇、贵若杨素，有红拂名妓、绿珠爱妾陪伴，过着灯红酒绿、荣华富贵的生活又怎样？劝说人们不要把金钱看得过重，不要过分去追求高官厚禄，尽情畅饮，困难的时候有朋友相助才是最难得的。

我再一次走进风雨亭，抚摸着它坚实的柱子和固定的凳子，仰望那早已字迹模糊的壁刻，心中涌动着一种久违的感动和心痛。我安坐于亭内，惬意的凉风吹来，脑海里幻化出先辈们走了一程又一程的远路后在这里谈笑风生的情景，还有面对外面的狂风大雨，站立亭内的异乡客那孑然的身影……

“何处是归程？长亭更短亭。”不远处，车流滚滚，有多少人还会注意到这个小小的亭子？在交通如此便捷的年代，风雨亭注定是落伍的，但它依然有存在的理由。作为时代的印记，它是那靠双脚步行的岁月的物证，更是异乡人行进途中贴心的温暖。岁月无声，风雨无情。人间的风雨不会消失，跋涉者的脚步也不会停息，也许多年以后，人们在苍茫岁月中回眸，仍会怀念起那矗立山间道旁却早已在风雨中残旧的寂寂风雨亭吧……

2019.12.17

梦中的砚台

端溪孕育，砚出西江。如果没有上天神奇的造化，天地生成的这些珍异没有出现在肇庆，也许这座城市会失色一些，单调一些。可是，偏偏肇庆就是这么受上天的眷顾，有了这些宝贝石头，这方水土更加熠熠生辉。

眨眼间，我在西江边这座城市已生活十几个年头。这些珍贵的石头，我是见过的；出产这些石头的地方，我是去过的；雕刻端砚的良匠，我也是认识一些的。

千里之外，一脉长流，浩荡东去，直奔南海。西江来到端州羚羊峡段时骤然收紧，河道最窄处仅 200 米。而在西江经过的端州的三个峡谷——三榕峡、大鼎峡和羚羊峡中，数羚羊峡山最高，水最深，峡最长，最为雄伟壮观。羚羊峡由羚羊山和烂柯山（又称斧柯山）夹西江而成，两岸崇山峻岭，气势磅礴。烂柯山主峰烂柯顶海拔 904 米，层峦叠嶂，怪石嶙峋。羚羊山主峰龙门海拔 615 米，山高坡陡，紧逼江岸。就是在这样一条绵亘 7.5 公里的峡谷中，河道窄、河床深，两岸陡坡险峻，江中水流湍急，集亿万年日月之精华、山川之灵气，孕育出了石质温润如玉、花纹色彩斑斓的端砚石，它们就深埋在这里的地底。

烂柯山下的砚坑紫云谷，我曾踏访过。这里山泉泠泠，峡谷幽深，漫步其间，顿觉神清气爽。我从未想过自己会来到梦中砚台的出产地，不由得心情舒畅。据说，端砚石出产自肇庆城区东部的烂柯山和七星岩景区北面（西起小湘峡，东到鼎湖山）的北岭山一带，尤以产于斧柯山的老坑、麻子坑和坑仔岩三个坑洞的砚石为最佳。

老坑是三大名坑之首。据传，这里出产的上等端砚在宋朝时就被列为贡品。那个在水底下，洞口被铁栅栏封锁的坑洞，就是唐朝年间开采砚石的老坑洞开采入口。多少人来到这里，望着一汪清澈的潭水，悠然神思，遐想连连。想象着在深水下沉睡的砚石的石脉如何绵延向前，又如何与砚石的其他四个产地一起，形成蔚为壮观的众多坑口。可是，坑口虽多，但自 2000 年开始，所有坑口被停止开采。之所以封坑，是出于坑道闭塞、塌方以及政府保护之故。也因此，砚石资源越来越少了，现在销售的都是以前开采的砚石，卖一块就少一块，故端砚收藏价值越来越高，升值潜力越来越大。

文房四宝，砚为其一。在中国所产的四大名砚中，尤以端砚最为名贵。宋朝诗人张九成作诗《寄端砚与樊茂实因作诗以遗之》赞道："端溪石砚天下奇，紫光夜半吐虹霓。不同凡石追时好，要与日月争光辉。"

端砚，自唐代面世起，就是中国"文房四宝"中的极品，历史悠久，石质优良，雕刻精美。徘徊在西江畔，江风阵阵，笛声悠远，端砚的产地如此安静，仿佛就这样与天共荒，与地同老，不禁让人发起幽幽思古之情。是的，这里本来就是自然的一部分，是人让砚石从地底、山中探头，见到天日，并赋予它更多的文化内涵。唐代初期，在端州东郊羚羊峡烂柯山的端溪一带，就出现了依靠采砚石生产端砚为生的劳动者。

"千夫挽绠，百夫运斤。篝火下缒，以出斯珍。一嘘而泫，岁久愈新。谁其似之，我怀斯人。"这是近千年前，苏轼被贬南粤，经过康州（德庆）时写的诗。

据记载，唐代至今只开采十几次，过去每年只能在冬季开采。开采时，先要将洞内积水排干，然后石工一个一个挽着绳索，提着小油灯摸索下去，坐在洞底开凿，所谓"千夫汲水，百夫运斤，二步一灯，终日开凿，仅取斤斤"。洞内随时都有塌方把石工掩埋的危险。历史上曾出现过多次惨痛的事故，所以要得到一块砚石，确实是很不容易的。

"谁其似之，我怀斯人"，像端砚这样美好的品质谁能具备呢？苏轼甚是怀念这样的人。北宋末年，外患连连，而朝廷内部，新旧党人争权夺利，互相倾轧，忠心耿耿为国家做事的人受到排斥打击，苏轼就是其中一个。虽然如此，他仍然坚持正直做人，犹如端砚一样“持其坚，守其白，不受污染”。

端砚的石质坚实亮泽，温润如玉，“扣之无声，储水而不耗，发墨而不损毫”。只要在砚上呵上一口气就会出现点点水珠，而且砚放置时间愈长愈加亮泽，这与其开采、制作的艰辛有关。采砚石无法用机械化操作，只能以人工为主。历代采石工人都是按石脉走向向深层采掘，再从接缝处下凿，采出来的砚石，能有三四成可用已属难得。坑道向下倾斜、曲折蜿蜒，工人进出要弯腰下蹲，有些地段仅能容一人匍匐爬行。古人云：“老坑匍匐仔坑斜，采石人同隔世赊。刈取紫云烦镂削，千金一砍未为奢。”

一方端砚的问世，要经过探测、开凿、运输、选料、整璞、设计、雕刻、打磨、洗涤、配装等十几道艰辛而精细的工序。历代制砚艺人精雕细琢，使端砚造型多样，由初唐的实用逐渐提高到明清时期的实用与欣赏相结合的高度，步入了民族工艺美术的行列。端砚已成为中国工艺美术百花园中的一朵奇葩，闻名遐迩，对于书家墨客，无不以拥有一方制作精湛、传百世而不朽的端砚为荣。

石头是个冥顽不化的东西，它的身上负载着冷漠和寂寥。若不是治砚之人将其一生之功倾注于一方砚石上，它也许只是一块普普通通的石头。

这些年里，踏访白石村，寻踪羚羊峡，足迹至端州城里那些小楼作坊，感受古端州的文化底蕴，我的笔记本里记录下了很多或鼎鼎有名或默默无闻的人。每每让我感动的是，砚人们甘于寂寞，择一事终一生，不为繁华易匠心的精神。热爱本身就是最好的修行，世事纷纷扰扰，仍心有绿洲，任他风云变幻，我自岿然不动。

70 后砚师陈炳标，从初中起就学雕端砚，他的性格如砚石一样朴实，他的技艺仿佛能化腐朽为神奇。“清水出芙蓉，天然去雕饰”，他雕的端砚，让人觉得仿佛那些艺术形象本来就在石里，有松树、竹子、花鸟虫鱼、清溪、瀑布、琴瑟……他只是将它们表现出来罢了。陈炳标说：“别看这些石头是冰冷的，但实际上它们很有味道，也很有温度。”

年轻的时候，我曾梦想有一方端砚，供我练字，使我浮躁的心增添一点温润，一点坚毅。我也曾遐想，假如我生在古代，会同哪些文人墨客即席挥毫，以砚会友。但现实生活中，我却不过是一次次到七星岩看摩崖石刻，到白石村看砚师雕刻罢了。如今，我已拥有一方麻子坑的端砚，忙碌的生活却让我无暇挥毫，遂希望心如砚台一样温润而坚毅。毕竟，千年以降，笔墨端州。在这里，无论时代怎样变换，总有静心志业的人，埋首于纸墨笔砚，总有人那么笃定地想要倾尽一生之力，为着一方梦中的砚台，为着砚台一样的梦。

2020.10.28

第三辑 西江故事

西江纪事——从花尾渡到红星轮

人们都说，当你开始怀念过去的时候，代表你已经开始变老。

对于昔日西江上劈波斩浪飞驰的船只，或徐徐泛浪前行的款款船影，那些留在心底的西江记忆，人们大概是不会忘记的。

20 世纪 80 年代之后，广东大地尤其是珠三角一带，一座座桥梁飞架江河之上，如长虹卧波；一条条公路建成通车，车辆风驰电掣，一小时生活圈甚至半小时生活圈形成，于是，那悠悠然漂浮于江河之上的花尾渡渐渐少见，直至消失。这固然是时代进步的体现，但是我们在享受时代发展带来的便利的同时，有时又会想起那乌篷船，那画舫，那花尾渡，它们唤起了我们对过去岁月的回忆。

花尾渡始于清末，一直使用到 20 世纪 80 年代。20 世纪 20 年代时，花尾渡已成为珠江下游的主要水上客运工具，以广州为中心，大小花尾渡航行于梧州、肇庆、江门、三埠、石岐等地。

花尾渡是由机动拖轮拖带的优质木船，相对平稳，载客较多，大的可载客三四百人，稍小的也可载一两百人，还可载几十吨货物。同时，花尾渡船体雄伟，装潢非常漂亮，因船尾部分彩绘有奇花异卉或珍禽异兽等美丽图案而得名。花尾渡穿行在珠江三角洲弯弯曲曲的河道上，犹如一座座活动的水上宫殿，为华南独有的一景。

很多肇庆人至今还记得，肇港客运码头停泊着很多花尾渡，有广州到梧州的“省梧渡”，肇庆到江门的“肇江渡”，肇庆到三埠的“肇开渡”……肇庆人习惯将船叫作“渡”，搭船叫搭渡。花尾渡本身是没有动力的，航行时很静。起航时，旁边的小火船（动力拖轮）以并排“拍拖”的方式，带着它从码头离开，行驶到江中间，便把它甩在后面，将“拍拖”改为“甩拖”；随后，两船“拉拖”而行。广东人将男女相恋同行叫作“拍拖”，恋爱不合分手叫作“甩拖”，就是由花尾渡航运术语衍化而来的。

1980年，有“内河皇后”之称的“曙光401号”花尾渡从广州航行到开平潭江水口时突遇台风，沉入江底，300多人遇难。鉴于珠江水系有风向多变、风势猛烈的灾害性天气，花尾渡船体高、重心不稳易侧翻，交通部门遂决定将花尾渡客船全部淘汰。

从花尾渡到红星轮，作家何初树对此记忆深刻。他还记得，20世纪80年代，他第一次搭花尾渡，就是从老家江门到广州上大学。而到肇庆工作后，他常乘坐花尾渡往返于江门和肇庆之间，如果遇到重大节日，常常一票难求。

西江流域的人“搭船”与“搭车”的上下叫法相反。从岸上到船舱叫“落船”，而从船舱到岸上叫“上船”。

花尾渡船舱宽敞，又分几层，有上下铺，几十个床位连在一起。不过，花尾渡没有上等舱、下等舱之分，更没有专设贵宾舱或双人舱、单人舱等，只有二层、三层之别，票价是一样的。

买到票后，按票号找到对应的床位。那床位大概60厘米宽，只可容身一人。床上有一张席子、一个枕头，天冷时还有一张毯子，这些床上用品是不会一周一换的，估计会延至一个月。所有的床都是用两块10厘米厚的活动木板隔开，一层船舱可容纳上百人。睡在你旁边的可能是一位妙龄少女，也可能是一位到省城治疗肺结核病的老伯。幸而当年人际关系和谐，鲜有吵架、打架、偷窃、非礼等不愉快之事。

自“曙光401号”沉没后，花尾渡逐步退出历史舞台，代之的是钢壳的机动客货船。这些载客量更大的船，以前珠江航运公司称之为“珠江”兴泰、贵华、荣华……肇庆称之为“红星”。

航行在西江江面的“飞跃”与“红星”逐渐成为西江客运最重要的交通工具。这些“红星”活跃在广州、佛山、顺德、三水、鼎湖、端州、六都、悦城、九市、德庆、都城、梧州等数十条航线上，成为外出工作、探亲访友者使用较多的水上交通工具，更成为一代人的难忘记忆。

在肇庆海事局工作的黄树钦对红星轮十分熟悉。那时候的红星轮有木船，有水泥船，有铁船，一步步地过渡，船的安全系数也越来越高。曾经有肇庆到广州的红星轮出事了，之后水泥客船就停用了。

在老一辈肇庆人的记忆里，红星轮是他们出行特有的标志。从肇庆到广州一般要 10 个小时，一般是傍晚时分开，第二天一早到，船上有饭吃，可以洗澡，可以睡觉，船票也不算贵。

西江的客运，除了内河客运线，还有港澳航线，在 1980 年左右开通。后来又增加了双体的喷水船，叫“端州号”，从肇庆到广州，只要 4 个小时。

西江客运红星轮最兴盛的时期应该是 20 世纪八九十年代。黄树钦那时还年轻，在肇庆市港航监督局工作。每到年底，他们要去码头值班，清点人数，以防超载。以前买船票不仅要排队，票紧张的时候还要找关系，因为客票是国家核定的，不能随意改变。

到了 1993 年、1994 年，内河又引进了俄罗斯的高速客船，走广州到梧州、肇庆到梧州、肇庆到广州这几条线，走了大概六七年。这些船的速度可达每小时 50 公里，从肇庆到梧州，2.5 小时就能到，比现在开车还快，但票价贵，要 100 多块钱。尽管如此，需求还是很旺盛，主要是快和新奇。

肇庆，因水而兴，乘船是以前肇庆人出行的主要方式。浩浩荡荡的西江，成就了肇庆历史上的辉煌。

曾经，滚滚西江水挡在两岸居民面前，坐船走水路成为出行的印记。中华人民共和国成立之初，肇庆的交通运输仍然以水运为主。在 20 世纪 60 年代至 80 年代初，水路运输量占交通运输总量的 80%～90%。随着时代的进步，陆路交通越来越发达，内河航运的重要性逐渐减弱。到了 20 世纪 90 年代后期，在西江流域曾经发挥过重要作用的一代航运之星——“飞跃”与“红星”完成了它们的使命，逐渐退出历史舞台。

黄树钦最后见到的红星船是从惠州过来的，那是在 2004 年到德庆悦城拜龙母的，之后他就再没见过西江上的客船了。肇庆港澳航线的客运经营到2005年才停，而肇庆市航运公司的业务也随着公路交通的便捷而日渐减少，到2019年下半年，连港澳航线的货运也停了。

黄树钦可谓见证了西江客运的繁华与落寞，但他觉得，时代的发展是大势所趋，新的事物必然要取代旧的事物。而随着时代的变迁，他相信未来当西江上再响起客轮悦耳的汽笛声时，这些载乘着游客的船可能是一种全新的面貌。

2020.03.28

西江水暖捞鱼花

又是一年春来早，西江水暖捞鱼花。可是，现在还有多少人知道捞鱼花这门技术呢？

现年 80 岁的德庆疍家人后代林盛彬说起来还很兴奋："那时候捞一季的鱼花卖得的钱，相当于渔民一年的收入，当然很吸引人啊！但这装鱼花的活呢，很讲技术，不是谁都能掌握的，连渔民都不一定人人会。"

"民以食为天"，可见，粮食对人的生活是多么重要。作为水上居民，疍家人在岸上没有土地，不从事耕种，所以一食一饭都来得十分艰难。于是，捞鱼花成了疍家人增加收入的好渠道。

但鱼花只在春夏之际鱼儿都近岸产卵时才有，世代生活在江上的有经验的渔民都能准确预测鱼花到来的时间。古人曰："凡岁三月，始有西水，西水长，故有鱼苗，以箩捞之。"《广东新语》中也记载："知某方有雨，某江之水长，长则某鱼花至矣。"经验丰富的鱼花师傅"侦察"得非常准确，预测鱼花到来的时间偏差在 3 天之内。另外，不同时间到西江的鱼花种类是不同的，清明节前后，鲩鱼（草鱼）最先到达西江，之后其他三大家鱼（鳙鱼，俗称大头鱼）、鲢鱼（俗称鳊鱼）、鲮鱼才陆续到达西江。

珠江的支流东江和北江都不产鱼花，只有主干流西江产鱼花，而且以肇庆的鱼花最有名。鱼花主要源于广西东北隅的浔、邕、桂、柳等江，鱼卵渐渐孵化成子，约 5 天后鱼卵顺江而下，到了西江辖区河段，江水翻滚使鱼卵孵化出来，鱼子腹内养分恰好被吸尽，鱼身特别强壮，是天然优质的鱼花。之所以要集中在"小满""芒种"时节捞鱼花，是因为这个时期雨水较为充沛，江水上涨。"一场洪水一处苗，"林盛彬说，"一旦错过了一场洪水，就只能等下一次机会。"

一般在水流缓慢处不会有漩涡，那些被称为“鱼埠”的地方，都会聚集大量的鱼产卵。“鱼埠”之名，首出《广东新语》，是下渔箩之处。渔箩结构由箩架、箩和通池三部分组成：箩架只是一根横伸水面的杉木浮杆；箩是用竹篾编成的一头大一头小的半拱状疏格箅，并排三个一组，用箩架串起来，隆起在江面上；通池是用一种染成黑色的蚕丝布做成的长方形小池，结实耐浸，用时分别套接于各箩的尾端，以收集随水漂流而来的鱼花。装捞时把渔箩固定于傍岸的木桩上，这样顺流而下依次为箩架、箩、通池，鱼埠便算设置完毕。以后整个渔季，渔民们便坐着渔艇，划着桨往来于自己所布设的鱼箩处收取鱼花。

一直以来，西江的渔民每年都在鱼类“春透夏流”产卵孵化的途中，用一种叫作“箩”的装捞鱼娃的用具，俗称“鱼娃箩”。把它放到西江边的“鱼娃埠”，叫“落箩”。放好鱼娃箩，一簇簇、一群群的鱼娃漂流下来，装进了“箩”。每装捞一次叫“一水”，什么时候才有“一水”，那些装捞师傅根据水面漂流下来的泡沫的形状大小是可以看出来的，有时一天可能有几“水”。这个过程就叫作“装鱼娃”。

鱼花，是两广人对鱼苗的称呼。据史籍所载，晚唐时今高要、新兴、罗定一带先民养殖草鱼，种苗均靠市场供应。因草鱼苗当时无人工繁殖，全赖自然获取。由此可见，至迟在晚唐就有鱼花装捞，而西江鱼花资源极为丰富，《广东新语》中载：“西江多渊潭，而其源从滇、黔、交趾而来甚远，故鱼花多而肥。”

鱼花的捕捞、运输、分辨、养殖，无不凝聚着西江渔民的智慧。清代的李调元在《南越笔记·鱼花》中有这样的记载：“粤有三江，惟西江多有鱼花……子曰花者，以其在荇藻之间若花。又方言，凡物之微细者皆曰花也。亦曰鱼苗。”从前，只有渔民才懂得捞鱼花，后来一些亦渔亦农的人家也从事这一行当。

林盛彬提起爷爷满是自豪：“我爷爷很懂装鱼花，但怎样辨别不同的鱼花，他从来不说。”对于爷爷的秘而不宣，林盛彬认为，这些传统技艺很少外传，可能缘于祖辈一种生态思想的考虑，如果太多人捞鱼花，西江就有无鱼之虞了。

“这个技术的关键是，鱼花里如果有生鱼或者锦鱼，那就糟糕了，这两种鱼会将鱼花吃掉，所以必须要从鱼花中将它们捞出来。”从江河中捞回来的鱼花，必须进行分类，剔除杂鱼，保留家鱼，并按草（鲩鱼）、鲢（鳊鱼）、鳙（大头鱼）、鲮归类，如果不及时把它们分开，会影响鱼花的存活率。而鳙、鲢鱼花的筛选是较困难的，鱼花师傅用草汁诱食，视其上游深度和摄食情况加以辨别，并以特有的操作技术提取，其纯度达到95%以上。这一技术俗称“刮苏”，历史上全省独有。正如《广东新语》中所说：“鱼花方如针许，渔农已能辨其为某鱼，拣为一族，其浮而在盆上者为鳙也，在中者鲢，在下者鲩，最下鲮也。”这种将细如针的鱼花分类便是“撇花”技术：根据各种鱼花在密集缺氧的情况下，因各自忍耐缺氧能力的不同而先后浮头的特点，逐类加以“撇”出。之后，再用筛做大小分类。

“我爷爷捞的鱼花很干净，没太杂的鱼，所以卖的价钱也高。”林盛彬对鱼花的买卖也有记忆。鱼花的售卖，是按“尾”计算的。林盛彬还记得，西江渔民捞的鱼花，用一个杯子来计算尾数，一杯里装多少尾鱼，鱼贩心中有数。

肇庆河段较宽阔，河床平坦，水流缓急适中，汛期时捞顺江而下的鱼花，可谓得天独厚，且质优量大。正如谚语所言：“下游鱼花上游鱼，上江鱼放下江花。”因其小如针尖，多而繁杂如花一样，故当地称之为“鱼花”。主要品种有鳙、鲢、鲮、鳜、鳗等。其中鳙、鲢、青、草鱼是肇庆历来淡水养殖的主要品种，且畅销外地，被称为“四大家鱼”。

肇庆历来为鱼花的重要产区，据《肇庆府志》记载，早从明代开始，肇庆就有人捞鱼花了。肇庆的鱼花曾是地方官府的重要财源之一，如明弘治年间，总制刘大厦就曾上疏：“将西江两岸河埠，上自封川，下至都含，召九江乡民，承为鱼皇（鱼花埠），分别水势，上者纳银五钱，下者二钱五分，贮肇庆府，给贴照船捞鱼，永著令典。”时至清代，肇庆鱼花行业尤为昌盛。据《广东新语》载："岁正月，始鬻鱼花，水陆分行，人以万计，筐以数千，九江估客，鱼种为先，左后数鱼，右手数钱。"可见当时鱼花市场之繁华。至民国时期，是西江鱼花捕捞的鼎盛阶段，在肇庆景福围就设有 72 个埠头，专事捕捞鱼花。至民国三十六年（1947 年），埠头足有 100 多个，年装捞高达 10 多亿尾。中华人民共和国成立后，人民政府十分注重鱼花捕捞，发动群众沿西江肇庆段设埠头作业。1961 年，肇庆的鱼花埠头发展到 162 个，装捞鱼花 14 多亿尾，为肇庆鱼花装捞的极点。

鱼花的培育，根据各种鱼花的生长特性分"开花""育苗"等环节，使得天生优质的鱼花更粗壮、易养，因而肇庆鱼花历来享誉国内外。民国时期至解放初期，鱼花铺前车水马龙，热闹非凡，来自四面八方的顾客为争购西江鱼花，不惜日夜排队，甚至夜宿街头。西江鱼花畅销于福建、浙江、湖南、湖北、香港、台湾以及本省之南海、番禺、顺德等地，还销往泰国、缅甸、新加坡等国家。故此，西江鱼花被列为肇庆重要渔业生产之一。后因西江鱼花日渐减少，鱼花多用人工繁殖。然而，西江鱼花确实在水产业史册上留下了光辉的一页。

20 世纪 60 年代，人工成功孵化鱼花，自那以后，人工养殖开始取代传统养殖技艺。西江的鱼花装捞一直持续到 20 世纪 70 年代，20 世纪 80 年代后，由于西江沿岸各种水利设施的影响，以及各地人工孵化繁殖技术的成功应用，长达 300 多年的依靠江河捕捞鱼花的历史便结束了。林盛彬的父亲就曾在德庆的新圩公社鱼苗繁育场工作，如今那里已经是小规模的育苗场了。育苗场都采用人工孵化鱼苗，也就是把从鱼塘里捕捞到的母鱼、公鱼放进鱼池里，再给母鱼打催产针孵化鱼花，这样就无须等到江水微黄的春夏汛期间到西江捕捞鱼花了。

"1970 年前，西江的鱼花很多，一天一晚大概能捕到几百万尾吧，看捞鱼花是很开心的事。"林盛彬回忆。时光荏苒，传承过程中的脱节，使得传统的"撇花"等技术逐渐失传，而相应而生的鱼筛、竹箩等器具的编制技艺以及渔耕文化等也相继失传。

“了解西江渔俗的人越来越少了，现在的年轻人也都分不清楚鱼的种类。”林盛彬一脸的黯然。

2019.03.01

消失的放排人

有多长时间了？快有二十年了吧，面对浩荡的江水，我的记忆经常往前推移，一直逆着江流回溯，回到那熟悉的绥江，回到那奔涌的河流以及久远的人和事。

江流往往是一夜之间变得狂放不羁起来。我们来到江边时，只见江水大涨，水流急速，泥沙俱下，一片混沌。黄色的泡沫和枯枝残木在江中翻卷腾荡之时，我看到了他们。今生最惊心动魄的场面出现了：阔大的江面上，首尾相连的排筏在疯狂的激流中挣扎着，一会儿高高跃起升空，一会儿低头猛扎水里，放排人随排上下如轻燕一般掠过河面，不时发出浑厚的号子声。那些技高胆大的汉子赤裸着上身，穿着破旧的裤衩，站在排上，手握撑篙，乘风破浪。那浩荡宏大的场面，至今仍印在我的脑海里。

那是放排。“放排”这个词，估计现在很多人闻所未闻。但在山区，在我们这辈人的童年中，放排却是经常可见的场景。每当看到放排，我们就知道，雨季来了，汛期到了。那是在春天或夏天的绥江中常出现的景象。

放排，这个惊险高危、生死无常的古老职业，春秋战国时就有。木排，古称桴，是木材水运的一种主要方式。凡有大江大河之地，就有放排人的身影。放排，就是在上游深山砍伐或购买竹木之材，再敲木钉以藤条相连，顺流而下运到下游城镇销售。放排，作为一种古老的木材运输方式，是体力活、技术活，更是风险活。

山区民众，自明清以来就利用江河水道以排筏运送木材，下行广州、香港、澳门。肇庆河川纵横，水量丰沛，可利用放排运送木材的河流很多。

很多时候，就在放学路上，我们沿着沿江公路慢慢地走着走着，蓦地抬眼望去，就看见大江之上放排人与江水搏击的一幕：他们手持长竹竿（伸进水里的一头箍着铁叉），也叫撑竿，迎着江水站在排上，浪大流急时站排尾，以平衡那随浪颠簸的排。他们在水大时放排，顺应并借助水力漂流，这样就省了在浅水里用撑竿硬推的力气，但是也容易发生危险，陡涨的江水会突然冲出一道深槽。我就看见过腾起的浊浪把一个木排抛上去，又翻下来。木排上，放排人倾斜着腰身，用力撑着竹竿，试图减缓木排的速度，他的腰几乎要弓到水面上了，他的衣服、头发都被飞溅的江水湿透。紧接着，一排更大的浪咆哮着打过来，将木排冲上去，又卷下来，我几乎看不到他了。我睁大了眼睛，拳头握得紧紧的。

忽然，他钻了出来，对，是他，黄色的浪花里终于有一个黑点，还是那样奋力撑着竹竿，像钉牢在排上一样，和那排一起，与桀骜的狂流进行着殊死的抗争。“都系日靠两餐撑呀，咧那个呀，咧那个呀，顶硬上呀，抽住来呀，顶硬上呀……”那悠长的绥江号子，清亮的撑船调，是那样让人振奋，热血沸腾。我双眼模糊，久久不忍移开视线，为那驾驭风浪的人，为那不屈的力量！

“广宁竹，怀集木。”那年月，在偏远的深山区，有多少山货是顺着江水漂流到城市，支援日新月异的城市建设呢？可以想象，那数以万计的原木，在江上浩荡漂流，该是多么盛大的场面。

俗话说：“靠山吃山，靠水吃水。”从前，绥江沿岸山林茂密，江水湍急，道路崎岖。在没有铁路、公路的时代，想把藏于深山老林中的木材运输出来，只能采用肩挑、马拉再用水运的传统方式。与陆路运输相比，水路运输价格低廉，短期内运出量大。而绥江上游两岸有丰富的森林资源和适宜的水运条件，放排行业便在这里应运而生。

时代在发展，放排这个行业，随着交通基础设施的发展进步和国家林业生态政策的调整已经消失，逐渐被人们淡忘。目前，只在极少数有河流、陆路难行的深山林区尚存在着短距离依靠水流运送木材的现象。

放排，是在一定历史时期，绥江两岸群众的一种谋生方式，是一种较落后和危险的行业。后来，江水似乎越来越瘦，人与河流都似乎再无力运送那古老的木排，放排人陆续上岸，告别了他们赖以生存的河流，结束了大风大浪里越激流、过险滩的生涯，放排也终于慢慢绝迹，成为传说。

亘古流淌的江水滚滚东去，浩浩荡荡的放排画面，早已定格在历史的长河中。岸边那棵老油桐树见过放排人赤膊撑篙，追波逐浪的身姿，江岸那些青青翠竹听过放排人激昂的号子，那曾经渗入人们灵魂深处的放排号子，已成为遥远的绝响。

如果历史真如这逝去如斯的江流，那我极为幸运地在最后的瞬间目睹过它们，并且记录了下来。为此，我心存感激。

2019.06.25

远去的渔歌

初夏5月，我在绿水村漫步。这是德庆一个典型的渔村，很多楼房都是新的，这是政府出资给当地渔民建造的房子。休渔期里，人们三三两两地在家门口、在江边、在村头修补船只，挂在墙壁上的各色渔网正迎着阳光闪亮着。有的渔民在家里打麻将、看电视打发时间。

头戴笠帽的绿水村村民张杨莲，正在家门口修补渔网。疍家妇女普遍肤色黝黑，腰身粗壮，臀部厚实，张杨莲也不例外。年届五十的她，早已习惯了风吹日晒，粗糙的大手灵活地穿梭于渔网间，忽上忽下，哪怕在谈笑风生，也毫不影响。渔猎对于这个渔村四十岁左右的渔民来说，可谓非常熟悉，但对于年轻一辈而言，却是陌生的，不愿碰及的。谁不知道打鱼辛苦呢？张杨莲和这里的很多渔民一样，半辈子泡在水里，对于农事知之甚少。在这个渔村里，人们甚至连青菜都要买来吃，村口每临近中午、傍晚时分，都会出现一辆载有副食的小三轮车，渔民简单所需应有尽有。张杨莲的孩子去打工了，不再回来，绿水村里不少渔家的情况都差不多。

每当黄昏，家里的人站在明净的窗前眺望着打鱼人从烟雾里摇船回来。打鱼人下得船来，进门上桌，饭热菜香。这一幅渔民晚归图，荡漾在烟波里的生活，给人一种和谐的美感。如今，它已成了一阕清亮的挽歌。

广东江河捕捞渔业具有悠久的历史。在原始社会的渔猎时期，居于江河、湖泊的人类即有“木石击鱼”或“竭泽而渔”的生产活动，其起源当在农业（包括养殖业）兴起之前。根据东莞发掘的大量贝丘遗址考证，早在新石器时代，于东江一带不但有南越人以猎鱼为生，而且出现了聚集定居。又据近年文物部门在江门市新会县都会村发掘的新石器时代的贝丘遗址中发现骨针、网坠等物具，说明距今三四千年前，渔业在珠江三角洲已经从以“木石击鱼”发展到了织网捕鱼阶段。

捕鱼历来是高风险行业。远古时期，以打鱼捕捞为生的渔民每次出海前必要祈祷一番，祈祷出海时风平浪静，自己平安归来。现实经验告诉他们，有“风”便意味着有“险”，这便是“风险”一词最早的来历吧。这样的风险意识千百年来早已渗透进水上人家的血液，由此形成了一种看似执拗却极富生命力的习俗。

在岸上人看来，水上人家在船上类似的“棹忌”还有不少，规矩也多。比如，吃剩的东西扔了，不可说“掉”；船靠岸不准说“到了”，避讳的是一个“倒”字；喝汤时汤勺不能在碗口边缘拖动，以及避免说任何不吉利的话。这些都暗含着这个长期在波峰浪谷中闯荡的水上群体的心理需求与精神慰藉。

捕鱼技术含量高，风吹日晒很辛苦，渔人们就这样日复一日地捕捞着江湖里的丰裕与奇迹。西江岸边的村庄，人们世代靠水吃水，凭着水中捕鱼、岸上编席的技艺，过着自己的生活。他们祖辈传下来的捕鱼方式有很多，比如网捕、下地笼、下篮、摆迷魂阵、叉鱼、夹捻子等，在西江，尤以流刺钓、飞钓、密钩、抛网、笼捕等方式为主。

疍家人世世代代靠耕江捕鱼谋生，水上就是他们的“江湖”，船上就是他们的家。在肇庆，一直有一群人，以舟为屋，以船为家。随着时代的变迁，他们变成了“两栖疍民”，一首咸水歌从水上唱回了陆地。但老一辈的人认为，他们的根就在水上。

从前他们从陆地到了水上，如今又从水上迁回陆地，他们就是“疍家人”。打鱼、洗网、晒网、补网，是勤劳的疍家人日常生活中必不可少的事情。当然，也有不那么忙的时候，那就是休渔期。

休渔期，除了修船补网，还有娱乐。以前，渔民们在忙碌之余，喜欢以对唱的方式来表达喜怒哀乐，一首首独具渔家风情的歌曲，就产生在劳动与休憩之间。

水上居民日常传唱“咸水歌”，又称“疍歌”“蛮歌”“白话渔歌”，是随编随唱、自娱自乐的一种原始歌谣。在日常生活、劳作、打鱼、织网、聊天、亲友相聚时传唱，特别是在谈婚论嫁、举哀丧葬时，触景生情，随编随唱，歌词中夹杂不少口语。一般是独唱或男女对唱，在当地，无论男女老少都能张口即来。咸水歌常见有贺年歌、婚礼歌、行船歌、下水歌、丧葬歌等。

“今日出去又捋鱼咧，看见河面有鱼来咧！今日捋鱼真好彩啊，捋到条大鱼心开啰！”

“河底珍珠哩容易采，阿哥，真心阿妹哩最难求啊哩！虾仔在涌鱼在河哩，姑妹，打恒锣鼓你练沙尘啊哩！”

“天上有星千万颗咧，河里有鱼千万条哎咧！哥你有情妹有意咧，只恨牛郎织女隔条天河哎咧！”

……

水上浮家，渔村余韵。渔民守着他们的船，与天地相伴。然而，没有什么是一成不变的，在时代大潮之下，也有些事物在急速变化的社会里淘洗着，挣扎着，消失着……那一首首清亮悠长的渔歌、那越来越衰老的渔民、那越来越少的渔船即是。但那些记录着时代印记的渔民的生活轨迹与习俗，悲愁与欢喜，壮观与沧桑，值得悉数珍藏，因为这里面交织着地理事实、人文现实，还有哀伤的袅袅渔韵。

2019.02.24

旧时的夜航船

一晃二十几年过去了，但夜色中明灭的船灯、熟悉的汽笛声，仍时时回荡在我的记忆深处。

那时，百里山乡，公路简陋，铁路不通，水运是最佳的运输方式。家乡的松香、桂皮、竹木等，要从绥江顺流而下，转运至各地；广州、肇庆的日用品、粮油等，则要逆流而上。这样的货运，每船多达几百吨，一百多公里的水道，单程差不多要一天。绥江两岸的村镇山乡，人们夜里常常能听到轮船汽笛长鸣，纯朴的山民在喝酒猜码时也习惯用“广宁竹，怀集木”来形容货物运转频繁的场景。

坐夜航船，如我这般年纪的人，大多是没经历过的，但我父亲年轻时因为跑外贸，免不了要坐夜航船。夜航船的价格大抵要比白天的便宜，所以，一些不赶路并精打细算的乡民，便挤到驾驶室后面的尾舱。他们是怎么消磨那长夜漫漫的时光呢？因时间是如此漫长，空间是如此局促，却能惬意地在尾舱尽情抚弄江风，于是漫漫长夜，相识或不相识的，摆开车马炮，高谈阔论。张岱笔下的绍兴府，因学风淳厚，村夫俗子都胸中有料，故曰“天下学问，唯夜航船中最难对付”。而绥江的夜航船，船客多为边鄙乡民，率性居多，大家水平有限，谈资也有限。虽也有少数略通文墨之人谈三国话西游，但说得更多的是沿江各地的奇风异俗、新旧怪事。如，某年某月一艘货船在西江某处搁浅，只得歇息一晚，待天明再行。未想到，夜深入梦，见龙母，于是向其诉求。天明出舱一看，天啊，已至梧州，昨晚停泊处，原是悦城龙母庙……如此等等，人人都可讲得，人人都是权威。但多数情况下，话把子是常年跑船的老江湖。这些人见多识广，开始夜航讲古时，多是轻咳一声，从自带的有盖钢杯里抿一口茶，将腿盘起来，才慢慢地开讲。

那时的绥江水还很是清洌甘甜，多数人渴了就拿个吊桶从河里舀水上来煮茶喝。但是在夜里航船是有讲究的，如“子时不靠，论厨不煎”：因为财运如水，就是要永无断绝，子时前后，两日交接之际，亦当顺风顺水不可停滞；论起厨艺来，煎鱼、煎豆腐什么的免不了提到“翻”，这可是船民的大忌，尤其是夜航时。

行船走水三分险，能够返航是万幸。要确保夜航安全，除了掌舵的要有丰富的经验，航标灯是最大的保障。乌云遮月或初一前后，江面一片漆黑，倘无航标灯的指引，船只很容易撞滩搁浅。于是，那年月，无论刮风下雨，每当夜幕降临时，总会看到挂着马灯的数叶扁舟摇荡在江心，任凭波浪起伏，也要一盏一盏地去点亮所有的航标灯，清晨再一盏一盏地取回。那时的航标人，直属省或市航道管理局，不归县里管，煞有优越感，不像现在，很多河段已断航多时，航标灯技术越发先进，不用人每天点灯了，航标人自然渐渐消失，如同绥江上的很多故事。

小时候，家对岸只有一家葡萄糖厂，高高的大烟囱上常年白烟不绝。冬天时，我们从山上挖木薯，削片晒干，雇辆拖拉机，经渡船过河，卖给葡萄糖厂。夜里厂里阵阵的酸臭气，随着工人下工的鸣笛声飘散在小镇上空。第二天一早，我母亲和镇上很多妇女一样，挑着糟桶，去葡萄糖厂边上的排污口，一勺一勺地将糖糟盛满两桶挑回家，那是我家两头大白猪最爱的食物。慢慢地，造纸厂、五金厂、塑料制品厂……越来越密的烟囱绵延两岸。渐渐地，岸上的公路越修越多，车辆越来越频密，江上的航船越来越少。夜航的船只依旧还有，只是不多了，而且都是运货的，再没人匆匆赶着吃完晚饭到江边等一艘夜航船，然后在简陋的船舱里苦熬一夜了。

这是个事物不断出现又不断消失的年代，不必怅然，也不必抵触，更不必悲叹。远方，有比夜航船更美更深的梦。只是苦了那一江绥江水，船家们再不敢直接从江里打水上来煮饭了，沿岸也没有多少人敢下河游泳了。

西江上的航运枢纽肇庆，一直是水上交通的中转站和商品集散地，旧时商贾云集，喧闹繁华，肇庆的许多地名因一条大江而生，担水巷、水师营、水街（天宁南路）……

20世纪八九十年代的西江航运，是鼎盛年代的最后狂欢，那时，每到傍晚，肇庆西江边的码头处，连绵数里泊满了货船，一群又一群的航运人下船回家吃饭，待到月上中天，他们借着朦胧的月色又要起航。

关于这条大江的过往，都是我沿绥江顺流而下，在西江边上生活了多年后才了解的。那些维系一家老小的船只，有些消失了，又有新的加入了，在这当中，并没有多少人能认真思考到底得到了什么，又失去了什么。如同一条大江的变化，人们也不断地随之变化，调整自己的生活策略，毕竟，夜航船也好，汽轮也罢，都不是由个人决定的，背后皆有活生生的日子要过。

只是那或清澈或浑浊的江水，那低沉的马达声，那整夜的摇晃与不眠，那些与思愁有关的“江湖夜雨十年灯”“夜半钟声到客船”等句子，与那曾装载多少希望与哀愁的船只，那曾造就一江繁华、两岸共进的传奇，都渐行渐远了。

我的家乡山岭丛集，十分闭塞，仍然有一条河流悄然穿入，平缓、狭小，行驶其上的航船虽慢，却仍然有挺进的姿势。而浩荡的西江，多少人行经其上，在这条开阔汹涌的水路中摆脱了旧日的束缚，寻求着财富、突破与希望。

“夜航船，历来是中国南方水乡苦途长旅的象征”，余秋雨的《文化苦旅》中如是说。现代化的步伐迅猛急促，还有多少人会登上夜航船，带着从容的心情，品咂一路的琐碎，将生活的本原沉淀。不舍昼夜的江水又流了三十年，我终于坐了一次夜航船，那是一次夜间的巡航，两岸黑黢黢的山影似有若无，江面宽阔，江流沉沉。偶尔汽笛响起，仿佛黑夜的鼾声。多年前，我也是江边被夜间的汽笛声惊醒的孩子中的一个。如果是夏夜，我会攀着窗沿去看江中那艘扁黑的船，它总是在走，虽然很慢，但看不见的那头，就是开阔的天地了。

是的，无论是旧时还是现在，只要不停滞，一直往前，船一程程地行去，人总会从昏然暗淡走向一片新的天地……

2020.08.02

第四辑　河边的事物

金渡花席的美丽与哀愁

寒露已过，可岭南的秋天迟迟未至，空调、风扇还可劲儿吹着，而床榻上的凉席更是不敢收起，尚未到 11 月，秋老虎恐怕还要发威一段时间呢。

铺在身下的凉席，是一张两米长、一米八宽的红绿相间的大床席，这是我结婚时妈妈托人帮忙编织的。在我们家乡，凡是置办嫁妆，女方家都会给女儿送一张芏草席，出嫁时，郑重地用草席包卷着新被褥，送到男方家。

摩挲着质地柔软滑爽的席子，一道道清晰而整齐的纹理和一幅幅美丽大方的图案映入眼帘，一种打小就熟悉的属于草席特有的清新草木气息透进鼻孔，躺在上面，人也慢慢地感到了一份放松和安适。现在想找一张中意的草席，实在是不容易的。出来工作这些年，我用的都是街市上随处可见的竹席，几十块钱一张，方便得很。

妈妈说，她去了市区的好多商场、床上用品店，甚至连市郊的农贸市场都去了，还是没有找到想要的草席。她跟小区里熟悉的阿姨说了这事，一位阿姨说，她乡下老家有位年老的亲戚，还时不时地做这种草席，但已经织得很少了。于是妈妈好声好气地说，可以多给一点钱，因为婚期临近了还没买到草席。就这样，一张宽宽大大的花草席，在日夜赶制之下终于做好了。

这样一张紧编密织、纹理纵横交错、花式丰富的草席，耗费了那位老人多少神思和心血呀！可以想象，她坐在地上，低着头，弓着腰，用那双老茧丛生的手，将一根根轻柔的芏草，紧紧地按压着，严密地织造着，将别人的憧憬和期盼，都深深地织进了那道道厚实的纹理里。

有趣的是，这张席子头尾的四只角，都留出了一些未经剪裁的“席须”。这刻意突出的部分，到底是妈妈交代的，还是织席的老人知道这张席子的用途，特意做的呢？我虽然没问，但大概知道当中的用意。“有头有尾”“开枝散叶”，这不是对新人的最好祝福吗？从一张普普通通的席子里，我深切地体悟到老一辈的真诚和情意。

后来我见到了金渡花席编织技艺的传承人何冠醒，方才晓得为什么现在金渡花席那么珍贵了。

在何冠醒的工作室，我第一次见到了芏草，也就是编织草席的材料。原来，它长得那么高，接近两米。它的质地那么轻软，拿在手上轻飘飘的，感觉一阵风就将它吹走了。这是晒干后的芏草，颜色就是平常所见的植物变黄变干后的自然色，而且是经过舂压的，平平整整的，像纸片那般光滑。

我至今没有见过这种茎细、柔软、坚韧的，有着“赛龙须”之称的芏草生长时的样子。它又是怎样被舂压的呢？我更是没见过。我试图用双手拿起工作室里那支将近两米高，颜色发黑黝亮，带着岁月沉淀的舂柱，可用尽全力也只能往上抬高那么一点，这该有近四十斤重啊。可以想象，金渡的农人在过去的年月里，高举着如此沉重的舂柱，在芏草丰收的季节里，日夜劳作着，该流了多少汗，花了多少力气啊。

金渡花席，历史悠久，自古闻名。据考证，至少在宋朝，金渡人便开始生产花席。据《广东新语》记载：“山种龙目，水种龙须。龙须至芒种而肥，肥则勿壅，壅之生虫褪色。至秋分而熟，熟乃与灯芯草同收，而使金渡村人织之。长乐龙须磜亦产此草，而织手不及。有通草席，出高要白土村及新会。”据记载，金渡花席的编织工艺有过多次改良。现在的金渡花席采用新一代工艺，款式各种各样。

与花席共度的漫漫时光，我怎会忘记呢？小时候的夏夜，晚饭后，外婆提几桶清水洗刷晒谷坪，地坪很快就变干了，我们几个孩子就乐颠颠地从屋里拖一张闲置的草席出来铺在地上，属于乡下孩童的凉爽热闹的消暑时光就开始了。我们光着脚丫，在席子上嬉戏、追逐、打闹；我们躺在凉凉的草席上，数星星，看月亮，听大人们谈笑风生。风过处，便有天下奇闻、乡间轶事、人世百态……有时候我们听得入神，连蚊子叮咬都浑然不觉。更多的时候，我们趴在大人们的脚边，听着絮絮叨叨的话语，闻着草席淡淡的清香味，沉入梦乡，直至夜雾升起，被轻轻摇醒，脸上带着几道深深的席痕，被大人们背着或抱着回家……

金渡花席有许多辉煌的过往，我是到肇庆工作后看过一些资料才知道的。金渡花席兼具实用性和艺术性，是高要大宗外销经济特产之一。20 世纪 80 年代开始，肇庆端州区天宁路有一条专卖金渡花席的街道，那人来人往的兴旺景象，深深地印在了肇庆人的记忆里。那年月，除了端砚和裹蒸外，花席也是来到肇庆的游客购买的重要特产，很多海外华人回到肇庆都喜欢买张花席带回去赠送亲友。20 世纪 60 年代，金渡花席还曾作为特色礼品被国家领导人送给外国朋友。在 1959 年新中国成立十周年之际，高要县人民政府曾把花席送去北京展览，金渡花席轰动全国。

过去，花席主要是作为床上用品，一年四季除去冬天，都可以使用。小型席类的枕席、背孩席、沙发席，作用是一样的，尤其是背孩席，在炎热的岭南尤其适合。

但草席远不只是家居用品，在包装材料很少的年代，草席也是使用很普遍的包装材料。而随着时代的发展，包装材料的繁多，床上用品的丰富，草席已经不再是必用之物，于是，人们逐渐把草席遗忘了，草席市场也日渐式微，并有消失的趋势。

在何冠醒的工作室，我从她的编织作品《草席的故事》、版画《西江河畔——舂草歌》、漆画《西江晨曲》当中感知了草席生产工艺的繁复与讲究。除了后期用缝纫机对草席的边沿进行“框边”加工外，割草、晒草、拣草、舂草、染色和编织，这些都是纯手工劳作。

可以想象，那时候，每到农闲时节，在高要乡间，随处可见三五成群的农村妇女，她们一边舂草一边说笑，一边织席一边聊天，相互学习编织技术。那样的情景，在著名作家孙犁笔下的《织席记》中有很鲜活的记述："时间就是衣食，劳动是紧张的，她们的热情的希望永远在劳动里旋转着。"孙犁写的是白洋淀织席女子的劳动场面，高要劳动人民的织席同样如此。过去，贫苦的农民终日劳作也无法换得衣食的保障，生活的无虞，但在新社会，只要辛勤劳动，靠双手就能过上好日子。而且，中国劳动人民的热情和乐观的天性始终未变，从寻常的织席劳动和人们平凡的生活中就可窥见。

何冠醒的成长历程与金渡花席的发展同步，因此，她成为"金渡花席编织技艺"传承人，似乎是顺理成章的事情。她的青少年时期正是花席编织最兴旺发达的时期。从四五岁开始，她的母亲和外婆就教她编草席，十二岁时，她已经学会编织整张席子。小小年纪就要为家庭增加收入而努力，这是农家孩子的普遍经历。实践多了，她积累了丰富的经验，中学时她已经是村中的编织能手，对草席的编织了如指掌，编织图案随心所欲。

大学毕业后，她从事美术教学工作，但因为热爱，她业余时间还坚持编织草席。其时，正是花席市场不断萎缩并呈消失势头之时。对草席编织技艺无比热爱的何冠醒，萌生了保护传承的念头。于是，从 1996 年起，她将花席的编织引入教学，开始了对草席的编织研究。

花席编织技艺属于工艺美术的范畴，学美术出身的何冠醒发现，花席的传统样式已经程式化，基本花样为"格子花"，其中四角分不同色彩的叫"四角分明"，四角织花式的叫"走四角"，编织的图案多是雀鸟、盆花、蝴蝶、双喜和格子，都是一些吉祥的图案，偏向实用性。而在实用性已经衰落的情况下，有必要提高花席编织的艺术欣赏性，使花席走向更高的层次。于是，何冠醒融入了绣花技艺，创新了技法——能在较小的面积编织复杂的图案，效果清晰而突出，艺术装饰性更强。花席变美了，更吸引眼球了，于是与美有关的东西应运而生，漂亮的帽子、手袋、篮子、食品盒……席子之外延伸而出的立体形态，让花席大大地拓展了用途和空间。

为了适应课堂教学，更有利于普及推广和传承，何冠醒用纸条代替草来教学编织，独创了《仿草席编织的纸条编织》的教学内容和方法。创新的技艺和独特的教材教法成了何冠醒的个人特色，她不仅仅是一名美术教师，更是传统技艺的普及推广者。从1997年到2017年，何冠醒在学校经常开设草席编织课程，有三千多学生学过这门课程。她独创的乡土教材和教学方法，也获得了教育界的认可和政府的重视。2014年，何冠醒被省文化厅命名为广东省非物质文化“金渡花席编织技艺”项目代表性传承人。

作为传承人，何冠醒经常思考如何使这一传统技艺获得更好的发展。然而，尽管她有心去传承金渡花席编织技艺，但她经常会陷入“传而无才（材）”之困。这些年，她独力去宣传推广花席编织技艺，却找不到合适的接班人。织席实在太辛苦了，要坐在地上，长时间地躬身弯腰，现在的年轻人谁愿意长期学这项工序繁多的编织技艺呢？更何况受工业化的冲击，花席并没有多少市场，金渡花席的传承即将面临断代的危险。

与此同时，自20世纪90年代中期开始，越来越多的工厂进驻高要，生态环境受到影响，被污染的水土再难以生长出适合用作花席原材料的茳芏。此外，改革开放后，金渡镇的土地不断升值，种植茳芏的人越来越少，适合的原材料更难找了。

美丽的金渡花席，在滚滚经济大潮中，有过挣扎，有过叹息，有过哀愁，如今，期待更多有心人将她的美丽传承下去。

2019.10.10

冬至裹蒸香

十多年前，我从家乡来到了肇庆，裹蒸进入了我的视线。裹蒸和家乡的粽子不同。家乡的粽子又叫“大心粽”，顾名思义，就是馅料比一般的裹蒸馅料大得多。而肇庆裹蒸多用本地特有的柊叶包裹，呈枕头状或金字塔状。

漫步肇庆街头，卖裹蒸的门店四处可见，一只只捆扎严实的裹蒸被置于货架上供人挑选。肇庆的裹蒸是那样丰富，真叫我大开眼界。

“无食裹蒸，等于没来肇庆。”可见，小小的裹蒸几乎成了肇庆的代名词。“除夕浓烟笼紫陌，家家尘甑裹蒸香”，清代诗人王士祯诗句中描绘的，就是肇庆人岁末蒸煮裹蒸的盛况。但随着时代的发展，城市的变迁，大街小巷家家门前垒炉灶，在硕大的铁桶上熬煮裹蒸的景象已经很少见了，人们大都住进了新式楼房，蒸裹蒸的壮观画面只存在于很多人的记忆中了。

冬至这天，外出的人都要回家过冬节的，表示年终有所归。在这天，肇庆人最重要的事就是和家人吃一顿团圆饭，家庭主妇们更是一早就去菜场采购。“冬至大过年”“肥冬瘦年”，肇庆人的冬至，总是讲究的。还记得我刚到肇庆工作不久，适逢冬至，独在异乡的我，对于冬至并无多少欢喜和期待，看到别人都兴高采烈的，更觉“冬至夜最长，难得到天光”。

这天一大早，房东家的小院子便热闹起来，亲朋好友、左邻右舍都过来帮忙包裹蒸，这多像家乡人包粽子呀，可是此时，我却只身在外。他们在忙碌着，唠叨着，笑声脚步声纷杂，水声柴火声相混，可我却不好凑近，于是一转身，门一关，上班去了。可以想象，他们是如何淘米、洗豆、刷柊叶，将腌制好的五花肉包裹进柊叶，捆扎成一个个状如金字塔的裹蒸……那弥漫的烟雾、沸腾的人声、欢快的笑脸，还有一股夹杂在柴火味道中的清香，该是多动人的场景啊。

暮色渐临，华灯初上，人们纷纷准备回家吃晚餐了，我不由得想起家乡，想起亲人。下班了，我随着匆匆车流人潮，一路不紧不慢地踱着步子，走回蜗居处。一打开院门，房东的小孙女便乐颠颠地跑过来，递给我两个热乎乎的裹蒸："姐姐，这是我爷爷奶奶给你的，今天是过冬呢。"

我捧着暖热的裹蒸，闻着氤氲的香气，一股热流不禁涌上心头。在这一年中黑夜最漫长的一天，这些与自己无亲无故的人，给予我许多的温暖和善意，这是多么难得。这份情意就如同此刻手上的裹蒸，柔软绵和，清香四溢。

十年一瞬，我已从青年步入中年，走出了那个小小的院落，走入了更宽广的世界，走在了拼搏的路上。一路走来，我始终感念肇庆善良的人们，也一直珍惜着成长路上来之不易的点滴收获。

在我看来，肇庆的裹蒸，包裹的是温暖，也是岁月。如今，我也入乡随俗，学会了包裹蒸，虽然包得还不算熟练，但它和家乡的大心粽一样，都饱含着浓浓的情感寄托，有着寓意丰富的内涵。经年漂泊在外，裹蒸独特的风味，让每个离开家乡的肇庆人都会想念，它散发的是美味，承载的是乡情。

肇庆的裹蒸历史悠久。早在秦汉时期，西江两岸已有春节包裹蒸的习俗，一直沿袭至今。裹蒸与人们所熟悉的"端午粽"有明显的区别。北方的粽子是为了纪念屈原，而裹蒸寓意日子蒸蒸日上，是一种对美好生活的祝福。裹蒸还曾被奉为贡品，《南齐书》卷六《明帝纪》中载："太官进御食，有裹蒸，帝曰：'我食此不尽，可四片破之，余充晚食。'"可见对裹蒸之珍爱。

如今，又将冬至，裹蒸的香味又飘然而来。岁月荏苒，一晃十几年过去了，"日久他乡是故乡"，在肇庆，有裹蒸调和着平凡的生活，我就知道，自己是离不开这里了。

2019.12.19

小小的疍家糕

我待在西江边这座城市的时间，快要与在自己的出生地生活的时间相同了，但我的故乡没有这样的糕点。足足几十层的疍家糕，也是我到肇庆后才品尝到的，它的味道自是和故乡的松糕、白糖糕大不一样。

当我见到疍家糕制作技艺非物质文化遗产代表性传承人黄金平，目睹他制作疍家糕的流程时，方才明白，只有疍家人做出来的疍家糕才地道、传统、有味。

在黄金平经营的乐满园酒楼，我终于品尝到了正宗的疍家糕。经切片、油煎，咸甜各半的疍家糕上碟了。甜的又绵又软，有淡淡的清香，看上去像一块豆腐，主要以黏米、白砂糖为材料；咸的则以黏米、芝麻、花生、虾仁、猪肉、葱花为材料，吃来满口酥香。

浩浩西江边，千百年来生活着一群水上人家，人称“疍民”。随着时代发展，自古浮生江边的疍民陆续上岸居住，自成一体的疍家文化也面临着失传的危机。

一块小小的疍家糕，寄寓了疍家人对坚守传统、文化延续、代际传承的深意。它不只是非遗，还是疍家人对逐渐消失在生活中的传统的挽留，更是对流淌在血液里无处安放的乡愁的寄托。

黄金平说，其家族往上六七代起，就已是水上人家，家族年长者均熟练掌握疍家糕的制作技艺。受老一辈熏陶，他也学习、钻研这一手艺。为了将疍家文化发扬光大，他创立了“乐满园”疍家糕品牌，让更多的人品尝到这个能吃的“舌尖上的非遗”。

据了解，疍家人每逢新春佳节，就习惯蒸上一盘疍家糕。“糕”与“高”谐音，有“步步高”的吉祥之意。疍家糕既是端州西江水上人家传统的节庆食品，也是疍民互相馈赠的常用礼品。

除了选料讲究，疍家糕的制作工序也非常烦琐、耗时，需经过浸泡、磨浆、调配、蒸煮、冷冻、切割、包装等多个工序，仅浸泡大米就需三四个小时，把米浸软浸透后放到石磨里磨。这是一种细活，讲究耐性，研磨时要柔而慢，磨出来的米浆要用箩斗过滤，还很讲究时间间隔和火候控制。蒸煮时每隔五分钟就得铺一层米浆，制作人需在约 40℃的制作环境里待两三个小时，其辛苦可想而知。制作的每个步骤都需要认真细致，马虎不得。浸泡时间的长短、米与水的调配比例、米浆搅拌的力度强弱、蒸煮的温度高低……成品质量与制作者的手艺密切相关，可谓“失之毫厘，谬以千里”。

疍家糕吃起来爽滑、米香十足，层层米浆叠加足有四十层，让人惊叹。传统的疍家糕制作完全是手工的，其制作技艺反映了水上人家特有的生活习俗和族群文化。小小的一块糕，是大米和清水奇妙结合下产生的美味，是手艺人对食物的深刻感悟，更是疍家人从生活中汲取的智慧结晶。

和大部分传统手艺一样，已是广东省非物质文化遗产项目之一的疍家糕制作技艺也面临传承困境。“制作过程太辛苦、时间长，经济价值又难以体现，年轻人都不愿意学了。”在黄金平看来，商业化是传承疍家糕制作手艺的必然途径。“我跑了多个省市去推广疍家糕，并在几年前就开始收徒弟，还举办了几次学习培训，但大部分人的兴趣难以持久。”黄金平叹息着。

对于疍家文化，黄金平有着执着的传承意念：“因为疍家糕是疍家文化的一种，如果我们再不坚持下去的话，疍家文化和疍家糕估计很快就会消失，因为老一辈已经全部上岸。所以把疍家文化传承下去，就要把疍家糕发扬光大。”

近年来，由黄金平开创的疍家糕品牌已经渐渐在市场上打响名号。谈及未来发展，已近知天命之年的黄金平坦言，自己的制作技艺不错，但是发展规模化的经营，还需要下一代接棒。

据说，黄金平的儿子，二十出头的黄军浩，在大学毕业后回到了父亲身边，要传承疍家糕制作这一技艺了，这自然是令人欣喜的事。

疍家糕，代表的不仅仅是千百年来居住在水上的疍家人的手艺与习惯，也是“上岸”后的疍家人对渐行渐远的传统的挽留与革新。随着疍家糕制作技艺成为广东省非物质文化遗产，疍家文化也渐渐为人所重视，但愿在将来，我们的子孙后代依旧能够一尝这一滋味，依旧能够听到那些来自水上的故事。

2020.11.07

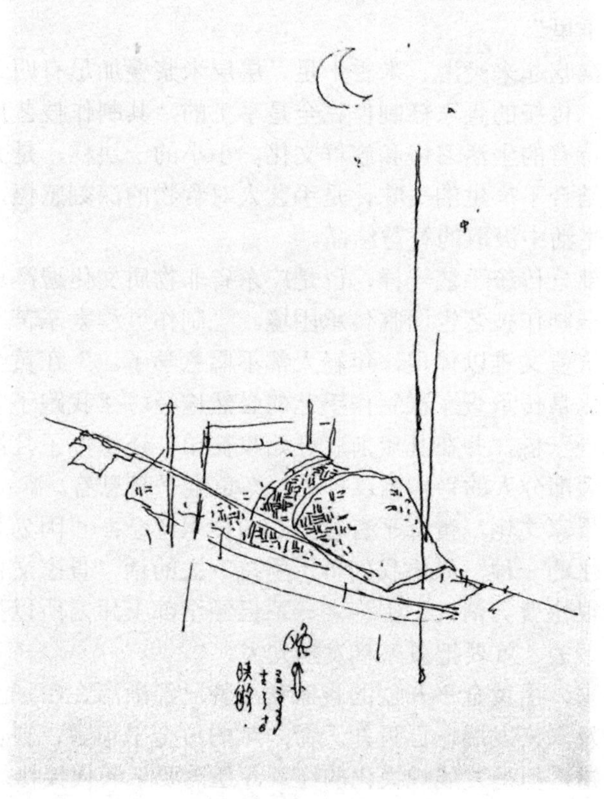

又见芒花

又见芒花，没想到是在西江边。

童年的故乡，芒花是我最熟悉的植物，山坡上、道路边、溪流旁以及各处荒废地，芒花都极为常见。

芒花有着极为朴素的外形，花白而无香，十分寻常，却有着别样的姿态和风情。在晨光里、夕阳下，看到逆光下的芒花被镀上一层金光时，心里一定会有什么被触动，也许是一段往事、一缕记忆，也许是一首歌曲、一种感觉，也许只是某种难以言表的意境。摇曳的芒花，总会唤醒心中隐藏的某些忧愁和寂寞、回忆和温暖、苍茫和寥远。

离乡背井，经年路远，离那熟悉的芒花也越来越远了，但它笑对阳光，舞迎风雨，躬身霜雪的身姿，我又怎会忘记呢？

长大后才知道，芒花也叫菅芒花或芭茅花，多年生草本，地下茎非常发达，是生命力极强的植物。它不高贵，也不美丽，成片成片地生长。

那一片洁白、轻盈、柔美的芒花，随着风铺天盖地地飘来。风儿在吹，芒花秆在摇，朵朵芒花，雪花般舞动着。那片片的芒花，宛如飞舞的蝴蝶。

西江边一片宁静，遍野的芒花摇曳多姿，弥漫着大自然的气息。那淡淡的柔韧的轻轻摆动的芒花，犹如多情的音符，在我温柔的目光里，呈现着柔和的绰绰风姿。

隐约记得一首歌曲，就叫《芒花》，歌词是这样的：

又见芒花白了头
才知季节忧伤深秋
漂泊的日子无岁月

流浪的生活只有愁
愁的是思家乡
愁的是想亲友
愁的是美丽祖国
山河是否依旧
芒花、芒花小小年纪
为什么白了鬓发
你可知道多少年的乡愁
叫我愁白了头
叫我愁白了头……

朴实的歌词里不仅是芒花简洁素雅、异乎寻常的美，更多的是游子对故乡的思念。

在异乡，在西江边，我又看见了芒花。寂静的午后，黄昏日落之时，我总喜欢独自去江边看芒花。夏天过后，那一层层、一丛丛、一簇簇的芒花，兀自生长在水边，无人注目，无人理睬，就这样静静站立着，与河滩、江水、天空，构成一幅淡淡的西江风情画。折一枝在手，轻轻抚摸，是那样柔顺，还能感受到幼童之手轻触肌肤般的微微痒意。轻轻走近芒花，瞬间被它陶醉，仿佛被它带入了一个与尘间远离、与繁华无缘的世界。

无论白昼黑夜，无数的船只经过，滔滔西江奔流不息，而芒花依然站立在这里，不知历经了多少流光，经历了多少次的生生灭灭。漂浮、沉积，无数芒花的精灵零落成泥，堆积成这芒花根下的黑土，滋养了一季又一季的青青芒草。摘一束洁白的芒花，把记忆拾起，让风轻抚紊乱的思绪……清风徐来，芒花轻轻摇曳，斜阳为芒花披上了一层金纱，最是此间安静。

一枝芒花，它不择地域，随处扎根，更能够坚守属于自己的一方净土，不为外界的各种诱惑所动，也许，就是它的纯真、柔弱和淡雅的禀性，才一直赢得人们的钟爱吧。

人无法决定自己的出身和来处，但却可以选择自己的生活环境，而芒花无法选择，风吹到哪里，它就被带到哪里，随遇而安，一生安详。

从绥江到西江，年岁增长，时移境迁，唯一不变的大概就是那份平凡和真实，如芒花的花语：坚韧。也许坚守平凡，已是不凡。五年过去了，我从当初的陌生到融入这片土地，爱且弥深。走进秋天江岸边那片漫漫的芒花丛中，低头信步间，我又平添了一份力量和勇气。

2019.12.13

那时的野炊

如果说在海边漫步，会让人认识到什么是博大，那么在江边行走，带给人的大概会是返璞归真之感了。

每年入秋，西江水位下降，沙滩便露了出来。那片片水清沙软、开阔干净的沙滩，最适宜野炊了。

每到周末，沙滩便成了孩子们的乐园。在沙滩上撑起太阳伞，沐浴着阳光，喝着果汁，吃着零食，玩着细沙，追逐着浪花，呼吸着自由新鲜的空气，很是惬意……那些终日困于书山题海，埋头于作业堆中的孩子，大概很少能感受到沙滩野炊的趣味。

记得小时候，当班里的秋游计划还在酝酿时，我们的心便蠢蠢欲动了。和谁搭伙？带什么东西去煮？谁拿锅？……待到消息确切，在班上四散时，同学们那兴奋雀跃的心情，现在想来仍然记忆犹新。在那个年代，有什么比集体活动更让人激动呢？

那时，野炊也不常有，大概一年一次。于是，谁带锅，谁带碗，谁带油盐酱醋，老师都会事先安排好。只是谁都不想带锅，又重又大，提起来可费力了。

到了那天，全校三年级以上的学生，以班为单位，举着红旗，肩挑背扛，带上锅碗瓢盆，列着整齐的队伍，浩浩荡荡地朝目的地进发了。

那是一处宽广的沙滩，离学校有几公里远，要在小镇码头坐渡船才能到达。长途奔走后，大家终于见到了洁白的沙滩，瞬时一路的辛苦都抛之脑后。老师们清点人数后，我们便马上行动了。

先是垒灶，这个最为关键。垒的灶好，事半功倍。沙滩上没有砖块，只有些小石头，于是我们分工合作，先去找石块，动作要快，要不然好的石块都让人捡走了。这是速度的比拼，但绵软的沙子却让人迈不开步来。往往是要走好远，避开众人的视线，方能寻到好的石块。垒灶也是个技术活，没亲自动手垒过，可能会适得其反。如果实在找不到石块，大家只好因陋就简，利用沙子挖坑灶，也就是在地面上挖一个较深的斜形穴坑，坑口对着风吹来的方向，再用木棍或帐篷杆架在坑边堆起的土包上，最后将锅或壶吊挂起来。

除此外，野炊灶还有很多种，如散沿灶、避光灶等，这要因地制宜，根据人数多少，就地取材修造。但无论是垒哪一种灶，都应视实际情况选择风向，有的灶要选择避风的方向，有的灶口应向着风吹来的方向，以利于燃烧。

说起来简单，但要搭建简易实用的野炊灶实在不容易，尤其是那些平日里参与家务劳动少，动手能力不强的同学，要三番四次地试验，推倒重来多次后才能成功。

找燃料的过程同样充满喜乐，即使是树枝、木块、竹壳等，都是需要去争抢的，手慢了好的燃料就被人先到先得了。取水同样不易，几百人的饮水，都是靠每个小组的同学通力合作，几经周折，辛苦取回来的。附近的山太远，只能就近想办法。一般是在沙滩上往下挖坑储水，挖得越深，储水量越多。也有直接从江上引水的，经过多个坑道的多重过滤，水慢慢澄清，变得清澈。这也是个考验耐性的过程，欲速不达，更要守护好水源，防止人来“盗水”，或是有人经过时不小心往水里踢进沙子。

老师们偶尔也会过来，指导我们动手搭灶或煮食。待大功告成，各自将劳动成果铺在沙滩上，在江风、流水、野花、草木的陪伴下大快朵颐时，老师们来点评了：咦，这菜怎么煳了？这饭好像还是夹生的呀！哟，你们做得还真是色香味俱全呀！

事实上，尽管菜肴不如家中丰富，但大家都觉得自己做得太好吃了，也许真是饿了，也许这亲自动手做的特别有意义的一餐，怎么都要多吃点，于是哪怕是很平常的食物，大家都会吃得一丁点儿都不剩下。还有的同学端着碗，四处“巡视”着，看到别人的好菜，就想伸筷试试，突然某处爆发出惊呼声，然后大家一窝蜂来抢着吃。

野炊时，实际上很多人都吃不饱，老师也吃得很少，但野炊的乐趣，欢乐的氛围，这份属于童年的独特记忆、同学间的至真至美的友谊，是很多人至今都难以忘怀的。

野炊后的时间，学校会安排沙滩拔河、排球、赛跑等活动，一时间，沙滩上呼声大震，旗帜摇曳，连江上的船只也似乎慢了下来，仿佛感受到了我们的热闹。而不喜群体活动的小伙伴，自有寻乐的方式，他们会找个远离喧哗的地儿，躺在沙滩上，看看蓝天白云，听听耳畔涛声，又或是钻进附近的小林子，掏鸟窝、采野果、摘野花、捉虫子，享受着自由自在的欢乐。

直到夕阳的余晖将江水染红，阳光的热度渐渐减少，大家意犹未尽之时，校长一声清脆的哨声，将大家玩乐的心情打断，要收拾好东西回去了。这时，老师们就会再三叮嘱大家，要将余火熄灭或用土掩埋，以免留下火灾隐患。

现在城市里的孩子是越来越少能够体验到这种野趣了，虽然学校组织去劳动基地，也可以尝到自己做的饭菜，但野炊之趣，却是极少体会的。

曾经的少年已经长大，“野炊”这份属于童年的独特活动，很多人至今都难以忘怀。二十多年过去了，那野炊的趣味至今难以忘怀，令人魂牵梦萦。

2020.01.08

虾笼，儿时印象最深的捕鱼记忆

最近读到海洋文化研究者盛文强先生所著的《渔具图谱》，其中收录有 8 类渔具、120 幅精彩图绘，网罗 2000 年中华渔具谱系，读之觉得挺有趣。从殷墟甲骨文记载可见，中国自商代开始就使用不同的工具和方法捕鱼，捕鱼似乎是先民与生俱来的本能。《诗经》中提到网、钓、罛、汕、笱、罶、罩、潜、梁等十余种渔具，这些名称延续至今。

我打小生活在绥江边，深受江河湖泊环境的滋养，生活习惯多少有些影响。看到这本《渔具图谱》，我感到亲切而自然，其中一些捕鱼的方式，我在小时候也玩过，顿感虽历经千年的时光变迁，但古人的智慧还是流传下来，这真是一个奇迹。书中第五部分“笼壶”介绍的一些笼装的渔具，看着尤其亲切，令我不由想起自己记忆中虾笼的样子。

什么是虾笼呢？长在江边的我再熟悉不过了。从前，虾笼可是珠三角流域最常用的捕捞工具。可如今，到河里放置虾笼捞河虾的人越来越少了，大约与养殖业的兴起，加之虾的主捕种类日渐稀少有关。又或许随着工业的发展，用塑料材料编织的工具更快捷便宜，总之，虾笼这种传统渔具愈发少见了。

家乡是闻名的竹子之乡，漫山遍野都是青绿的竹子。春天多雨，空气相对湿润，正是一年当中竹子柔韧度最好的时候，最适宜编织竹器了。编织虾笼的过程并不复杂，先将竹子开成细且厚薄均匀的竹篾，将竹篾紧紧地缠绕在一个小竹圈上，这个过程被称为“索篾”，缠绕在小竹圈上的竹篾就成了“梗”。用一条长竹篾绕着“梗”一圈圈地编织下去，最后“盘口”，一个虾笼就完成了。那时候，父亲熟练地削着竹篾，不到两支烟工夫，他就能编织好一个坚固小巧的虾笼。那纵横交错、细密精巧的长圆筒形虾笼，一端有喇叭形的进口，有倒刺，鱼虾进去出不来；另一端用木塞堵住，拔出木塞，可以倒出捕获物。编织虾笼是个细致活，讲究耐性，力度要均匀，每片竹篾都要削得光滑、均匀，这样编出来的虾笼才美观。竹篾的厚薄程度也很关键，太厚了不好编，弯曲时容易起竹丝划伤手，而太薄了又很容易折断，这些全凭经验。

虾喜欢生活在河底水草和乱石较多的地方，一般无法使用大型网具进行捕捞，于是，虾笼应运而生。小时候，春夏时节，我们用铁丝穿上蚯蚓作为虾饵放在虾笼里，傍晚时分将虾笼埋进田沟或河边的草丛中，第二天早上去检查，必有小鱼、小虾、泥鳅、黄鳝等。

那时候，我们一家还住在镇上，离家不远处就是绥江，那是北江下游的一条支流。在我还没有见过大海，没到过西江时，绥江就是我眼中的大江，虽平平常常却又那样美丽，河水也是那样清澈见底。父亲将亲手编织的虾笼用粗草绳一只连着一只顺江水置于水边。每当看到他放钓饵，我就天真地问："这样就会笼到虾了吗？"父亲总会将一根手指头放在嘴边做"嘘"状，意思是不要出声。当然，有没有虾，有多少，都要看运气。

我们通常是吃过晚饭后到江边放虾笼，放好后，父亲在岸边悠悠地抽起了烟，我则在一旁逮虫子，找小石子，寻找着小孩子的乐趣。夕照慢慢暗下去，江上的渔火已经亮起，有货船经过时，一阵阵的浪花拍打在岸边，时间是那样缓慢和宁静……每当看着父亲将虾笼从水中拖起，一打开笼口，活蹦乱跳的虾从里面跳出来时，我赶忙用水桶盛装，父亲轻轻拍打虾笼，不仅有河虾，还有其他意想不到的东西，如鳝鱼、蟹……那时候虽然物质匮乏，但我们却能从这些劳作中获得快乐。这样的快乐是那样平常，却让人永难忘怀。

随着社会发展，曾经的民间捕虾"神器"——虾笼，也越来越少见了。短短二十多年，虾笼等传统渔具不知不觉慢慢消失在我们的视线中。也许若干年后，这些渔具只能在书本中见到了。

2019.10.01

晨桥

一天当中什么时候的桥最美？在我看来，是清晨。

有位作家说：“水是桥的魂曲，桥是水的情书。”每揣摩这句话，我都会有一种万象倏忽的散乱思绪。桥下，水波荡漾，河流清清；桥以水为床，枕河而眠，那是水与石的旖旎，是石与水的爱恋！

先人们何时遇水搭桥，无从考证。先人搭桥，最早以木，故落“乔”音。无论多荒凉之地，只要有桥，就有人来过。后来，石桥渐渐多了起来，如今，我们仍可以看到许多古老的桥，或以残躯匍匐于大地，或以坚挺之姿诉说沧桑巨变，更多的是以一贯的静默独对苍穹。

古人造桥或重修，皆会立碑记之，刻上建桥年月、捐助人、主事人，还刻上时任知府、知县等，有些还刻上工匠姓名，不仅包含了答谢之情，还有质量监督和舆论问责之意——传世之作，留与后人评说！

有句老话说，“我过的桥比你走的路多”。南方水网密布，用桥来佐证一个人的生涯和阅历，确实是不虚妄的。据记载，清道光十三年（1833 年），肇庆境内有各类古桥 300 多座。随着现代化进程的加快，如今仅存古桥 13 座，均为明清时所建。

我见过很多桥：古老的、宏大的、小巧的，铁的、木的、砖的，梁式桥、拱式桥、钢架桥、悬索桥、斜拉桥，铁路桥、公路桥、管道桥、多用桥，甚至开启桥、浮桥……现代社会发展如此之迅猛，轰鸣声中，一座座新桥拔地而起。现代化的天桥、立交桥、高架桥，已经完全脱离了水，但仍称为桥。从“跃水”到“架空”，水不再是桥的依傍，桥也不再依赖着水。

我最不能忘记的，还是童年时见到的桥。孩提时，我曾用水彩笔在纸上画山画水画桥，用几条波浪线代表水，以每天通往学校路上的那座稳稳当当却又平平无奇的水泥桥做底本，虽然它既无优美的拱形，也无让人观赏的雕饰，可是在我们的眼中是不可或缺的，没有它我们就无法去上学，也见不到同学了。

长大后，去的地方多了，又认识了一座座的桥，方才知道，有些桥本身就是历史，能勾起人的无限遐思。

德庆的端溪石桥便是这样一座桥，以古县为名，存悠悠往事。

发源于德庆县官圩镇巢顶的端溪河，自北向南流经端溪石桥后汇入西江，明清时期，“端溪夜月”入选德庆八景。抗战时期，佛山、中山等地曾被日寇侵占，这些地方的难民纷纷往粤西山区迁徙，通过端溪石桥四散逃命。于是，小城张开宽厚的臂膀，接纳了一波又一波惊慌失措的来客，有些人留下来了，有些人不久就离开了……

在西江畔的小城工作生活的日子，我经常在早晨沿着江堤跑步，朝着太阳升起的方向，一直跑到端溪石桥。古桥在晨雾中隐约着古朴的身躯，堤下的菜地里，勤劳的人们在浇灌、摘菜，躬身打理着农事，谁会想起这座古桥的往事呢？尽管这里已经不如往常喧闹，但它仍然发挥着功用，见证了人间的悲欢离合，也见证了时代和交通的巨变。

这是一座单拱式，用红砂石砌筑的石桥，明崇祯年间重建的端溪石桥在2008年被洪水冲垮，现在的端溪石桥重建于2009年，基本上按照明代古桥的原貌重修。以前，德庆通往高要、广州等地的陆路通道上，必须跨越德庆县境内的端溪河，端溪河上的端溪石桥是联结端溪河两岸的重要纽带。20世纪60年代初期，德庆县修通了通往高要的公路，端溪石桥才逐渐冷清，最后变成了联结两个自然村的通道。冷落的桥路，如同桥底不再丰沛的水流，水萎则桥颓。水声潺潺，以前人们都到端溪河挑水喝或洗衣服，那时候水都干净，桥都坚固，人都淡定。可以想象，那时候，多少纯真、美丽的邂逅，在这古老的桥上发生。

古朴的端溪桥，几百年的延绵历史所承载的是那段只属于康州古郡的梦幻。当年西江古道的壮观景象早已不见，悠悠古桥只留下一缕撩动心弦的回声，在斑斑点点的绿杨波影中流淌、蔓延，定格在历史的长河中。端溪水质清澈，经年不绝，依然灌溉着这一片土地，绵绵不绝。

从家乡的无名小桥走出，走过端溪古桥，如今，我又来到了西江边的一个崭新的地域，继续追寻着虹桥卧影。三道彩虹般的枫湾桥、被称作“新区之门”的永利大道桥、形如“玉如意”的长利大道桥、“行云流水”般的吉庆大道桥，还有正在建设的展现“龙舟竞渡”风采的新安大道桥，这些地标建筑，无不承古拓新，吸引着人们好奇、惊讶的目光，一拨拨的建设者建起了它们，又通过它们迎来了更多的新面孔……

很喜欢沈从文先生的一句话：“我行过许多地方的桥，看过许多次数的云，喝过许多种类的酒，却只爱过一个正当最好年龄的人。”随着年岁的增长，我越来越喜欢在闲适的日子里，徒步或骑车从桥上走过，也喜欢站在桥上看云蒸霞蔚，看落日黄昏，看桥影月色，看繁星点点。若是微醺之夜，走过一座桥，我便会驻足，去聆听桥下的流水声，顺带着想起一些人、一些事、一些或远或近却又不可及的浮云流水般的过往……

2020.05.25

在时间的河流里追寻鸟影

我一直都认为鸟是有语言的，那啼声绝不仅仅是鸣叫，只是不为人类所懂罢了。

小时候，我的窗前经常出现鸟的身影。有时候，它们叽叽喳喳地在我的窗外跳跃；有时候，它们停落在不远处的树杈上欢唱；更多的时候，它们三三五五飞向远处那片幽密的丛林，那是在暮色来临之时。但无论何时何地，当我看见它们时，它们都是有趣的，活跃的，不知疲倦的。

童年有这些鸟声鸟影的陪伴，平添了不少乐趣与生机，虽然我听不懂它们的叫声，甚至不知道那是什么鸟。

绥江从家门口流过，日夜不息，奔涌向前。河水有时清澈，有时浑浊；有时平缓，有时湍急。更多时候，它是平常日子般的泛白，无声无息，无波无浪，嵌入了日子的深处，凝视它，人将会被带动着，沿着河流的走向，去到目光之外的地方。这时候如果视线内忽然出现一只鸟，你的目光就不再茫然地随流水而飘浮，你会随鸟的移动将目光收回，将散乱的心绪重新带回到现实。

那只鸟就这样出现了，让人伸起脖颈，久久不忍移开视线。在淡淡的暮霭里，这样清晰的目标，这样醒目的外表。“呀呀呀……”它连叫了三声，再间隔几秒，又连叫三声。这是孤独的鸣叫，想唤来同伴？还是想表达自由的欢乐？这样的鸣叫声，如此悠长、清脆，似乎穿越天地间的界限，将时空联结，将人与物、物与我，无尽与有涯，都连通了起来。

鸟的叫声并没有引来回应，天地间一派静默。在阔大的天空下，它是渺小的，有时候，只能看见一个小小的白点。

它兀自飞着，舞着，时而向上，时而俯冲；时而转身，时而来回穿梭。在大河之上，在辽阔的天空，只有这白色的精灵，这白色的闪电，占据着它独自的舞台，放肆着它的欲望和精力。我紧紧地盯着它，呆呆地，以至于忘记了母亲的唤归，忘记了天色将晚。这样一只高洁美丽的白鸟，一只我从未见过的大鸟，是从哪里来的呢？它又将去往何处？明天我还能见到它吗？

那只大鸟的身影一直在我心里。那道洁净的白，耀眼的白，一直飘动在我的生命中。此后很长一段时间，我无论怎样迁徙，都忘不了那白色的自由的身姿，那忘我的清脆的鸣叫。我相信，只要它还在，我再次见到它时，一定能将它认出来。此后，追寻鸟的身影，成了我每到一处的常态，无论是在西江边上的古城，还是在星湖畔的绿地，抑或在新区的湿地……

那只大鸟已经消失在我的生命里，可是更多的鸟影出现在我的生活里。每当看到那些自由轻舞的精灵，心里总会莫名地涌动起似曾相识的熟悉与感动。

鸟儿都有一种灵气，带着生动的表情和属于鸟类独有的姿态，活跃于草木、湖泊和天空，它们是人类的朋友，是森林的精灵，也是天空飞翔的天使。

十几年前，三十只丹顶鹤从东北来到肇庆，在星湖湿地这片碧草如茵的人间仙境安了家。星湖国家湿地公园内林木繁茂、空气清新，湖水澄碧、野趣浓郁，保留了湿地森林的原生态风貌。

为了让鸟类有更理想的栖息环境，为了让更多的候鸟留下来，肇庆人想了很多办法，花了不少力气。为修复湖岸生态，保护鸟岛，肇庆人投入巨资，只为能够常见鸟儿动人的舞姿，只为鸟儿“飞来就不想走”。

丹顶鹤来到肇庆的那年，我也来了肇庆。如今，“南方鸟岛”上已汇集了多个品种的鸟类，主要有夜鹭、小白鹭、苍鹭、鸬鹚等，数量多的时候有数万只，每逢日出万鸟觅食，日落万鸟归巢，真是壮观。星湖优良的自然生态环境也吸引了多种禽鸟，既有繁殖驯养的珍稀鸟类，也有冬季候鸟。

“湿地观鸟”已经成为星湖一张亮丽的名片，全国首家湿地公园——星湖湿地公园更是肇庆生态领域中的一颗耀眼明珠。在肇庆“山湖城江”的城市格局中，星湖湿地发挥着重要的作用，具有涵养水源、调节气候、维持生物多样性和改善城市自然生态的功能。这里，植物种类多样，鱼虾资源丰富，还栖息着成千上万只野生候鸟，俨然一个其乐融融的美好家园。周末，我经常和家人到近在咫尺的“百鸟天堂”打卡。这里不仅生活着黑天鹅、鸳鸯、大雁、火烈鸟等飞禽，还经常可见丹顶鹤“编队飞行”的景象。当这些鸟儿成群结队以蓝天、白云为幕布进行飞行表演，当数百只能飞善舞的珍禽一飞冲天、展翅翱翔，对游客来说真是一种视觉上的巨大冲击，唯有亲临其境才能体会。这是人与自然的和谐雅歌。

与其说是鸟类丰富了我的认知，不如说是鸟类让我觉得自己并没有疏忽生活，并没有与自然隔阂。尽管日子是那样忙碌，但我觉得自己是如此幸运，生活中时时可闻鸟声，那些自由的鸣唱，暂时把我和喧闹的世界隔开，让我得以放松和思考。鸟声并没有离我们远去。我知道在肇庆的天空下，那不绝的鸣叫，那翩然的身影，会一直伴随着我的生命，不会消失。

2020.05.16

此处红豆最相思

红豆生南国，春来发几枝。
愿君多采撷，此物最相思。

王维的《相思》，据说是唐朝梨园弟子最爱唱的歌词之一。一千多年后，每次读起这首语言朴素无华，韵律和谐优美的佳作，我都会沉浸在漫漫的情思里，为之动情。

红豆产于南方，果实鲜红浑圆，晶莹如珊瑚，南方人常用以镶嵌饰物。传说汉代有一位女子，因丈夫死于边地，哭于树下，泪水流干后，竟流出粒粒鲜红的血滴。血滴化为红豆，红豆生根发芽，长成大树，又结满了一树的红豆，于是人们又称其为“相思豆”“相思子”。

王维的《相思》是写给李龟年的，故这首诗又题为《江上赠李龟年》。可见他们友情之笃深，情谊之真挚，更可见出，在古代，“相思”不限于男女情爱范围，而“红豆”所寄寓的情感，也比现代更为宽泛。

岭南有红豆的地方不少，可哪里的红豆有肇庆七星岩的红豆那般红艳，那般有灵气？那般有着深沉的文化意味呢？

据说，七星岩的红豆开花结果没一定规律，有的多年不开花，有的开花难结果，能结果者实为极品。而且七星岩的红豆有许多不同的形状，心形的红豆更是稀少。

“七星落地上，天柱立中流。山多红豆树，窗对白凫洲。月下开菱镜，云间结彩楼。勾留过一宿，灯火是端州。”1961 年冬天，大文豪郭沫若游览肇庆七星岩时，面对秀丽的湖光山色，即兴泼墨挥毫，写下这首清新俊逸的《宿天柱阁》。据说，郭沫若对七星岩的红豆很感兴趣，专门考证了它的来历，并亲自捡拾看个究竟。如今，郭沫若的诗句被题刻在天柱岩南登山路口沿湖堤西去三十米处，与绮丽湖山交相辉映，更为七星岩增添了不少文化意蕴。

生长红豆树的天柱岩，“岩去地百余丈，剑峭壁立”，乃七星岩之最高峰。而生长于此处的榕树与红豆树，展现出了天柱岩的风姿，也道出了“生命与爱情”的人生主题。千百年来，红豆依然是人们用于寄托思念的心爱之物。

唐代诗人温庭筠的《新添声杨柳枝词》以“玲珑骰子安红豆，入骨相思知不知？”表达入骨的相思，情深至此，令人感叹不已。

五代诗人欧阳炯有《贺明朝》，“忆昔花间相见后，只凭纤手，暗抛红豆”，粒粒红豆，万缕相思，情深意长。

“江南红豆相思苦，岁岁花开一忆君”，清代诗人王士祯的《悼亡诗》，梦魂相依，凄清美绝。

《红楼梦》中，宝玉吟诵《红豆词》，“滴不尽相思血泪抛红豆……”吐诉痛苦与伤感，凄美婉转。

那天夕阳西下，我从天柱岩下来后，走进一家名为“情豆缘”的小店，想买上一串红豆手链带回去。在民间，红豆和玉一样，是有灵性的开运吉祥之物。我拿起一根细细的线，一边慢慢穿着打了细眼的红豆，一边听店主讲着他们夫妻因红豆结缘的故事。在店主絮絮叨叨的讲述中，在渐渐昏暗的天色里，我笨笨地捏起又一颗红豆，忽然有些入禅，真是很奇妙的感觉，想来有些不可思议。

“其实如珊瑚，历年不变”，红豆不蛀不腐，色泽晶莹而永不褪色，象征着坚贞不渝的情谊。然而，只有心怀坚贞，才能穿越生活的黑暗，看到尘世的火光。这坚实的情感，如沉默坚硬的红豆，化作寻常而又绚烂的信物，在爱与情的缠绕中滋长，成为唯一。

天下有情物，红豆最相思。耳畔似响起那情思渺渺的乐曲：“愿君多采撷，此物最相思……愿君多采撷，此物最相思……”

2018.10.01

乡宴

时近五月，雨水越发频密，空气中隐约嗅到端午节的味道。

每年五月初一，是岭南高要金利人最热闹的日子。据史料记载，每年这天赛龙舟，在金利镇已有二百多年历史。据中山大学教授黄伟宗考证，这里也是广东省最早开展民间赛龙舟活动的地方之一。金利赛龙舟在肇庆、三水等地颇负盛名，素有“广州看花市，金利看龙舟”的美谈，赛龙舟在金利具有很大的影响力。

每年的龙舟赛过后，龙舟的头、尾会放回祠堂，船身则沉入河底的泥泞之中，以保证船身不会干裂。直到第二年，趁春耕完毕，河涌水涨，金利各村纷纷开锣下水，将沉在河底一年的龙舟挖起来，名叫“起龙舟”，咚咚锵锵的锣鼓声也从四月初八就开始响起。

每年新龙舟的下水典礼都十分隆重，方圆几十里的同姓宗亲、友好村邻均会带着烧猪、喜炮、酒礼等前来祝贺，外嫁女也会回娘家庆祝，并献上三牲酒礼。“礼品放在埠头，新龙要行接礼仪式。先是起鼓划舟，再前进三步，又后退三步，以示谢意。新龙舟的村或姓氏祠堂，则大摆筵席，宾主尽兴而归。”说起这传统的节日礼俗，金利村民眉飞色舞。

五月初一是金利赛龙舟的传统正节，也是龙舟赛中最隆重热闹的一天，人们都在为这一天准备着。勤劳的妇女们除了要包大量的裹蒸，还要准备村里一年中除春节之外的重要乡宴，俗称“龙船饭”。这个有关龙船风俗的饭局，是村子里每年的重头戏。

到了赛龙舟当天，一大早，一口口大锅支起来，挽袖操作的妇女们早就行动起来，她们在灶间忙进忙出，手脚麻利，男人们在祠堂拜祭，烛火跳跃，香烟缭绕间是一张张虔诚笃定的脸。

乡宴是中国农村经久不衰的传统，更是生活里最朴实的烟火底色。随着城市化脚步的加快，更多的人纷拥进城里，而只有乡宴，一席席就地而设的宴席，把一村人聚集一起，给平日冷寂的乡村带来热闹。

在金利，这一年一次的“龙船饭”已成为当地传统的民间风俗。虽不是什么珍馐美味，却能把每个人对朴素、温馨、原汁原味的味觉记忆勾起，让踏着风尘归来的人们倍觉亲切，在异乡积聚一身的疲惫顿时烟消云散。在这一方水土中浸润长大的人，吃着亲人们亲手烹制的饭菜，乡情亲情就更紧密地联结起来了。

那天，在两岸涌动的人潮里，欢呼阵阵，鞭炮齐鸣，彩旗挥舞，声震云霄，那一年一次热闹胜似“过大年”的盛况，该是多么激动人心。在那宽阔的河道上，水花激溅，鼓点紧密，更是上演着一出“百舸争流，逐浪飞舟”的盛况，健儿们奋勇向前，豪气冲天……而河道边上的一间间古老的祠堂里，一阵阵饭菜香，随着五月的风不断飘飞出来，氤氲在村庄的上空，汇结成五月特有的温淳馨香。

对村民来说，吃过龙船饭，一年都会风调雨顺，五谷丰登。如今，原是慰劳划龙舟健儿的这一餐龙船饭，成了村民间的一种沟通、联谊方式。每年五月初一，水乡各村寨，处处在大筵亲朋好友，好友又可带上好友，不管认识不认识，坐下便吃，一顿热热闹闹的龙船饭吃下来，大家也就成了朋友。

其实乡情并未走远，它深深藏匿在每个人最隐秘的心性里，只要时机适当，它就会如约而至，跳跃在香气萦萦的碰撞的酒杯间，流动在谈笑风生的宴席中。

余秋雨在《乡关何处》中写道：“思乡往往可以具体到一个河湾，几棵小树，半壁苍苔。”我更愿意说，在金利，这一年一度的龙舟竞赛，这堪比过年的喜庆热闹，不但将端午节庆渲染得淋漓尽致，更慰藉了一颗颗思乡的心。在这一方古老而又富于朝气的土地上，金利人就这样以一桌桌的乡宴，使一双双手总能自然而然地彼此紧握，心总能相互靠近，这种以平常而又热烈的方式缔结的情谊，代代传承，收获了一辈又一辈子孙的乡情。

2016.06.05

西江河畔有莨纱

到达汉塘村是初秋的一个午后，车子从 G321 国道拐进大湘大道，一路经平整的村道，七拐八弯，徐徐来到了这个依山傍水的村落。此时，正是很多城市人休息的时候，但这里的工人却正忙碌着。阳光正炽热，远远望去，铺晒在草坪上的莨绸，仿佛是在绿色的幕布上涂上了一块块或褐或黄的颜色，给人一种强烈的视觉冲击。给人更浓烈刺激的，还有那未走近便进入鼻孔的陌生的酸酸的气味。这时我就知道，我已经来到了一直心心念念要来的香云纱的染晒场了。

早些年，我便听说过香云纱。张爱玲的《沉香屑·第一炉香》里面这样写道："那人的背影，月光下看得分明，穿着白夏布衫子，黑香云纱大脚裤。"冰心的《寄小读者》中写道："她母亲穿一套青色香云纱的衣服，五十岁上下，面目蔼然，和她谈话的态度，又似爱怜，又似斥责。"在冰心笔下，香云纱是匹配温和气质女性的最佳材质，传递了一份让人动情的温柔。我还听说，宋庆龄有一件极受偏爱的香云纱旗袍，晚年的她甚至将喜欢的香云纱旗袍两侧拼接放大后继续穿着，而这件香云纱旗袍也被永久收藏在上海宋庆龄故居。

我在秋阳下，抚摸着薄薄的带着草木香的莨纱。这些古老的技艺，在西江河畔，在这个深山僻壤处，仍然那么生气活泼地存在着，延续着。我相信这些散落在大山下，看似简陋的作坊，肯定不是一天两天形成的。

在村口，我被晒场上那铺晒满满的细碎的铁褐色块所吸引，打开车门便直奔它们而去。是它了——传说中的薯莨，一种藤本植物。薯莨常年生长在地下的茎块很像芋头，外表紫黑，内部棕红，茎面带刺，主产于两广、湖南、浙江，并以广东肇庆禄步、广西龙州一带产的为最佳。为香云纱提供染料的，是薯莨的块茎，它的主要成分是淀粉、纤维素和单宁，起染色作用的是单宁。也许因为这里的土质富含铁质，也许经这里水土的化育，山林间有取之不尽的莨。对于已形成稳定生产规模的莨绸工坊，这无疑为附近村民提供了一条副业之路。

晒干后的薯莨，是那样轻脆，气味依旧浓烈，颜色依然鲜艳。它还是一味很好的草药，中医称之为“红孩儿”，也叫鸡血莲、血母、血三七……其味苦涩，其性寒凉，有除菌、清热化瘀之功效。因此，由薯莨所染晒的香云纱也秉承了薯莨的某些药用功能。

只有亲眼见到方能感知，一块香云纱是来之不易的，因此，它的制作工艺能成为非遗传承项目，是有原因的。虽然如今国家级非物质文化遗产代表性项目名录中记载的是“香云纱染整技艺”，但人们一直记得，这种工艺的真正名称应该是“晒莨染整工艺”。

汉塘村无疑有着天然的生产莨纱的优势。首先，制作香云纱的天然染料薯莨在这里不仅生长快，且易就近挖掘，免去了舟车运输麻烦。其次，这里有着阔大的晒地、洁净的空气。再次，这里水系丰富，制作香云纱的一道重要工序——“过乌（污）”，也轻而易举。

这些毫不起眼的薯莨，经绞碎后取其汁液，得到一种偏红的液体，含有胶质，很黏稠。调制薯莨汁的过程，也是经验与技术的集成。调稀了，莨纱“吃不饱”，工序就变多；调浓了，莨纱“吃不下”，既浪费染料，还会“吐出来”，导致掉色。用网过滤后，将要染整的布料浸入加水煮过的汁液中，手不断地抚弄拍打，使得纱绸充分吸收薯莨液。浸透之后迅速捞起，等薯莨液沥干之后再次放入水中。如此重复近二十遍之后，白色坯布已经变为红褐色，捞出之后放入木桶中备用，等待日晒。

这里 10 月的天气依然炎热，那些赤膊的工人徒手在黄褐色的大染缸中轮流操作，“三蒸九煮十八晒”，在那低矮的工棚里，他们不一会儿便汗流浃背。可是，他们并没有停息，皆因农家人吃饭要看天，晒莨工人吃饭也要看天，能多有点时间晒莨，他们的收入才有保证。

晒莨这门工艺在一年之中只有 4～10 月可以进行。清明之前不开工是晒莨工人默认的约定，因为晒莨需要气温合适的晴天。抛开雨季和气温过高的七八月份，留给晒莨工人的时间十分稀少，因此，但凡是合适的天气，工人们都要加班加点工作，以满足市场对莨纱绸的需求。

温度和阳光固然重要，莨纱绸对晾晒的场地也十分挑剔。每一个晒莨工人，都会对晾晒场十分爱惜。虽然一眼看上去，晾晒场只不过是一块修整过的草地，但仔细观察，就会发现这片草地下大有文章。

汉塘村这片晒地十分平坦，用泥垫底，上铺细沙，再在沙土上密植青草，草质还不能过软，以免承受不了纱绸的压力而与细沙接触。这也是晒莨染整工艺与其他染整工艺的不同之处，纱绸在草皮上晾晒，既可保证纱绸的干净，还能让纱绸受到天地雾露的滋润，使得纱绸在高温暴晒下仍旧保持一定湿度，以便吸收薯莨水。

浸在槽中的布匹经过自然脱水后被平铺在草地上，正面向上，每段布料两头缝制的穿棒套已被穿入竹竿，拉动纱绸，再将纱绸两边缝制的钉攀线套入草地上的竹钉，使得绸面平挺均匀地铺在草地上，好与日光充分接触。阳光的温度使薯莨液蒸腾向上，最终使色素停留在表面，也因此形成了莨纱绸两面颜色不一、上深下浅的色泽。

晒莨染整工艺还有一大特色，那就是过河泥，也称“过污”，即将河泥均匀涂抹在晾晒面上，河泥中的铁会和纱绸晾晒面积累的单宁产生化学反应，使纱绸变色。不到一个小时，泥土被洗掉，晾晒面留下了一层深沉的暗黑色。摊平晒干之后，历经阳光暴晒和淤泥浸染的纱绸，终于显露出它惊艳的色彩，成为有着“丝织品中的黄金”之誉的莨纱绸。

我相信在顺德经过设计、加工、细作后变得身价百倍的香云纱，就是一批批从这里走出的。这一匹匹已晾晒好、叠放得整整齐齐的莨纱绸，质量一定很好，因为它的品质跟这里纯净原始的自然生态环境息息相关。结合天时地利的莨纱绸有着原始艺术创作的仪式感，随着时间流逝，莨纱绸越来越细腻舒服，这就是来自莨纱绸的魅力，也是中国传统技艺的魅力，任岁月沉浮，历久弥香。

西江河畔有莨纱，千辛万苦始见君。香云纱代表了岭南人与大自然相处的一种智慧。一方水土养一方人，同时也能养出一方风物。岭南水土孕育出的香云纱，工艺复杂，而且是目前世界上唯一采用天然植物染料和纯手工染整工艺的真丝面料，因此，这种特殊织造的工艺布料被广东人引以为傲，是有理由的。

中国人对美的追求从古至今从未变过，人们通过各种异想天开的想法为单一的布料赋予多彩的生命，朝代更迭，不断惊艳着世人。我想，莨纱绸最珍贵之处在于它留传数百年的手工制作工艺，以纱绸为底，植物上色，河泥催化，凝聚天地灵气，如同农作物一般，有着旺盛的生长欲，虽色彩浓重，却有着古朴深邃、含蓄低调的美。

2020.10.18

广宁君子竹，巍巍革命魂

绥江之畔，漫山遍野，万亩绿竹茂林挺拔苍翠。这里是全国闻名的“竹乡”广宁，气候温和，雨量充沛，土地肥沃，极其适宜竹子的生长。

1977 年，广东省博物馆在清理铜鼓岗战国墓时，出土了两件铜盘。考古专家发现：“二盘相叠置于篾筐内，筐已朽，编织痕尚印在铜盘底部。”可见早在战国时期广宁地区已有竹制物件。甜竹、文竹、毛竹、茶杆竹、青皮竹、苦竹、佛肚竹……广宁已查明的竹子品种有 14 属 55 种，分布广，种类多。可以说，竹子已然成为广宁的代名词。

竹子挺拔秀丽，潇洒多姿，四季青翠，高雅脱俗，千百年来备受世人倾慕，加之位列“岁寒三友”及“四君子”，它几乎是影响中国文化最深的植物了。在悠久的华夏文明历史长河中，人们的衣食住行用，处处有竹的踪影、竹的痕迹。它的君子之风影响着国人的美学观，无怪乎英国学者李约瑟感叹东亚文明乃“竹子文明”。当我徜徉于竹海，细赏文人墨客不朽的颂竹诗篇，呼吸枝叶间让人陶醉的清新气息，身心浸润在浓浓的竹文化氛围里，自觉灵魂与竹子做了一次真诚的交流。

竹乃君子。君子之道，曰仁智勇，“仁者不忧，智者不惑，勇者不惧”。竹子别具一格的神韵、丰富的意态，造就了独特的中国竹的意象。于是，有了李白的“绿竹入幽径，青萝拂行衣”，王维的“荷风送香气，竹露滴清响”，苏轼的“宁可食无肉，不可居无竹”等脍炙人口的名句。竹成为清高、亮节、坚贞的象征。“竹雨松风蕉叶影，茶烟琴韵读书声”，这是多少厌倦仕途官场的文人向往的恬隐生活写照。透过历史烟云，我仿佛看到“簌簌”竹响下一位清癯脱俗的文人正在漫步。诗画俱佳的“扬州八怪”之一郑板桥，常以“可焚身而不可毁其节”的竹来抒发情感，真可谓人竹辉映，肝胆相照。他为官“衙斋卧听萧萧竹，疑是民间疾苦声”，念苍生饱暖，悯万千民众。即便“宦海归来两袖空”，依旧“逢人卖竹画清风”，守常有节，勇毅不屈。

在革命战争年代和社会主义建设征程中，无数英雄儿女在广宁这片红色土地上演绎了一出出动人的故事。腥风血雨里，无数先行者洒下了热血，献出了青春。我那在红军游击队当交通员的曾祖父，为革命事业奔走于深山密林中，不幸被敌人发现。他牺牲前，任凭敌人软硬兼施仍然不屈不从。正是无数像曾祖父一样的革命者，百折不挠，坦荡坚定，才终于迎来了革命的胜利。他们勇毅抗争的精神，就像广宁的竹子一样。而这些光照后人、彪炳千古的事迹，令竹子之乡焕发出动人的光芒。

广宁是西江地区建立最早的革命老区，是肇庆市唯一全部乡镇都是革命老区的行政县。战争年代，广宁曾先后涌现出 554 名革命先烈。1924 年 11 月，周其鉴与彭湃在广宁发展了西江地区第一批共产党员，成立了全国最早的农村党支部之一——中共广宁支部。1928 年 1 月，年轻的周其鉴被秘密杀害。如今，他的英勇事迹仍旧在广宁流传，其宁折不弯的革命气节像竹子一样坚韧不屈。腥风血雨中，无数革命志士宁折不屈，视死如归，将全部青春热血都奉献给中国革命的壮丽事业。

广宁是绿色的，青山绿水，竹林成海；广宁是红色的，薪火不息，红旗飘扬。广宁的山水孕育了广宁人民坚韧的品格，竹子文化也给竹乡人带来了无穷的精神力量，“创新图强，坚韧务实”的广宁精神，正是竹子品格的写照。

临茫茫竹海，念天地悠悠。今天，广宁人立足资源优势，做好竹子文章。他们就像竹子一样，“千磨万击还坚劲，任尔东西南北风”，不论何时何地，始终保持着坚韧不拔的精神，在奔涌激荡的改革大潮中积极开拓前所未有的事业。正所谓：“广宁君子竹，巍巍革命魂。凌霜挺拔势，劲节欲参天。”

2019.07.26

第五辑　生命的河流

悲悯的河流

在那远离喧嚣，山高林密，白云飘荡，鸟语啁啾，水声潺潺的大山深处，有我的家乡，沿河流回溯，我能找到自己的根。

岭南的山脉，四季如一地葱翠，阳光拨开层密的叶子，将细柔的光芒洒落在老家门前的山涧上，像铺上了一层金色的膜，闪着粼粼的波光，仿佛回荡着生命中某种执着并闪亮的信念。

站在高处往下看，这条从西向东的河流，河水涓细，像一条腰带扎在村庄的腰部。那是一条名见不经传的河流，它的发端我肯定没去过，我的父辈、我的祖先也许也没去过。千百年来，它就是这样不知疲倦地流淌，流淌，沿着它开掘冲刷出来的河道，一往无前。它没有大海的深不可测，也没有瀑布那从天而降的豪气，但它有冲开一切障碍的勇敢，它清浅，婉转，没有秘密；它灵巧地绕过最小的凹凸，延伸到最陡峻的山壁。

那是一条悲悯的河流。它用它并不宽大的怀抱，拥抱这一方大山大岭下并不肥沃的土地；它用它纯洁甘甜的乳汁，滋养一方水土，哺育我那良善的族群。

我不知道家乡的这条河流最终流向何处，但我知道，打记事起，它就这样在老家门前的矮石墙下淙淙流着，清澈，纯美。清晨，沉寂了一夜的小河迎来了一群穿大襟衫的客家妇女。她们盘起来的大辫子下，是担着的稳实的大木桶，河水倒映着她们丰腴的倩影，她们迈着轻急的步子奔向熟悉的方向，好像生怕错过了这一天中最好的晨光。村庄是在女人们的声音中醒来的。

河流的曲折是为了孕育更多的土地吗？在无数个清寂的日子里，我的父辈们就这样沿着这条弯弯曲曲的河流，成群结队、浩浩荡荡地走出大山。一旁的河流滋润着他们心中对外面世界的憧憬，带领他们走向更广阔的天地。

河流也承载着家乡族人的忧伤和悲泣，像有一种宽柔和宏大的力量，能够慰藉一个个忧伤的灵魂。它是父辈心灵的归宿。它悲悯若谷，昂扬如云。它肯定也承载了不少父辈的泪水，以母亲一样的宽怀，唱起舒缓悠扬的歌，宽慰了父辈年幼失怙孤独无着的幼小心灵。

这条河流，仿佛血脉，流动在乡人的血管中，生命的颜色因它长年的润泽而鲜活，将游子的心都抚慰得妥帖温暖。流向远方的河流啊，它目送一个个熟悉的身影远去，又将一个个悲情的故事湮没其中。

河床上那一串串深深浅浅的脚印，是我父辈少年时代在河流的刻痕，是他们对命运的有力抗争：走出大山，走出贫穷，不再回来……

无数个求学的日子，我沿江而上，当我从车窗往外看，在绿影婆娑的掩映下，是波平如镜，清澈如碧的河流是那样静谧、平缓，仿若我的心境。我知道，那里边一定有家乡那条小河的存在，那从大山深处奔流而出的水流，最终会汇入这片土地，那是比老家更开阔的所在，它有着一个以竹子闻名于世的名字，人们赋予它的名字——绥江。

那同样是一条生养我的河流，我目睹过它的怒吼，洪水肆虐，人们惊慌无着，慑于它的威力，那是河流的力量。我更多的是感恩于它的陪伴，因为我出生在它的身畔，那种天然的亲切感油然而生。承载了老家水流的绥江，同样以宽大的胸怀，接纳每一个生活在它身旁的人，它能容纳更多的喜乐和悲欢。离开了故土的父亲，最喜欢去的地方就是江边。清晨，他用单车载着我，送我去上学。江上笼罩着浓雾，白茫茫一片，如梦如幻，美得像仙境，而父亲将单车骑得飞快。父亲冲出重重迷雾，带着我不断向前，直至看到明朗的阳光……多少个送我的日子，那是属于父女俩最亲密的时光，散步，垂钓，赏日落，观飞鸟……滔滔江面上，渔火闪烁，汽笛阵阵，清风徐徐。父亲常常在这时候陷入沉思，他在想什么呢？我不得而知。年幼的我紧紧拉住那宽大厚实的手，脆生生地问："爸爸，这河是流去哪里的呢？"年轻的父亲笑了，他说："眼前这河流最终会汇入一条大江，那是一条更大更长的河流，长大了，你要去看看，孩子。"

河流忽闪着晶莹美丽的眼眸，在树上鸟儿的眼里，那仿佛是梦里抖落的珍珠。在亲人的注视中，我出发了，沿着绥江而下，带着他们的希冀和那未完成的梦，他们所指的方向就是我要去的方向。

那同样是一个有着河流的城市——肇庆，这里的河流，远比家乡的那条小河以及绥江要开阔大气，它总是这样坦然，它的怀抱更宽大，能容纳更多。我就这样走进了这个山水环抱、一江襟带的城市。

那是一条磅礴的大江，千里之远，日夜奔流。我听到河流的声音，一股陌生而温暖的气息慢慢拂过我的每条毛细血管，让人忍不住要走近它。它的名字叫西江，日夜奔腾的除了它激荡的浪花，还有来回穿梭的船只，在汽笛声声里，日复一日地履行它重要的职责。沿着父辈的指向，我终于走近了这条河流，走入了童年耳畔那个陌生的地名中。少年的梦想也如流水，滚滚翻腾而去，带着青草和泥土的芳香，不知道要流向何方。

那同样是一条悲悯的河流。滔滔的江水消解了一个异乡女孩的愁苦和悲泣，收纳了她的辛酸和泪滴……

日日夜夜，我像孤雁一般流离在城市街头，奔走在寻找答案的路上。这路途是那么漫长、那么崎岖，我心灵的河床是那么焦灼，只剩流光消逝中一双黯淡无神的眼睛……是什么让激动喜悦的心逐日远去，换成了一种隐秘的沉重的负荷？我知道我迫切需要走向它，将无尽的话语向它倾诉。江面是那样宽阔，无数的船只航行在它宽广的怀里。江水永远是那样激情涌动，它有节奏地起伏，仿佛要在我的耳畔响起一曲动听的歌。这歌谣是那么轻柔，伴随着温柔的江风，好像要将人胸中的一切块垒消散开去。在十多个春秋的相知相处中，因这母性的河流，一度颓然失意的我再次昂扬向上，奋然前行。

沿着它的方向，我再次勇敢地出发了，溯江而上，继续去寻找答案。它始终陪伴在我的身旁，不曾离开，我知道，只要它在，我的前行就有了力量；只要它在，我就有了精神上的补给和滋养。我的外婆说，我的命理属水，我要去有水的地方，那才是适宜我生长的土地。我不迷信，可是，好像冥冥中命运的安排就是这样，我顺应着，遵循着。

又一次踏上一片陌生的土地时，我已经没有了当年那不谙世事的莽撞和懵懂，更多的是内心的从容和淡定，对世事有着更多的理解和思考。我已经能够坦然面对一切，领受上天给予我的一切，无论好坏。这里是岭南最先建制的郡县之一，名叫德庆。这里风物俱佳，人文丰富，历史深厚，身居于此，虽然乡音渺茫，但远离纷扰的俗务，沐浴在清爽的空气里，倾听西江日夜的浪涛声，于青灯黄卷中浸淫诗书之间，倒也安适自得。古老的端溪水，同老家的河流一样，日夜长流，最终投入珠江的怀抱，延续出一个个神秘的故事。

多少次，我就这样来到它的身旁，我知道，它荡漾起来的波涛，是它对我热情的回应；那一阵接一阵的鸣笛，是它送给我的欢乐之歌。那纯净的风，总是友好地与我相拥……每当这时，闭目任清风吹拂，那熟悉的水声就在我耳边响起。一幅清晰的路线图会在脑海中呈现，我是怎样跟随河流的走向，从山村走出去求学，悠悠绥江水，漫漫翠竹林，滋养了我如竹的坚韧，如水的柔情，滔滔的西江水又给我以怎样的成长和启悟……

河流为什么是弯曲的呢？因为它在前进的过程中，会遇到各种各样的障碍，有些障碍是无法逾越的，所以，它只有绕道而行。也正因为此，它避开了一道道障碍，最终抵达遥远的大海。也正是因为多湾多峡，沿途的风光才神奇而美丽。人生又何尝不是如此呢？

我释然了，生命果真如一条河流，如今我终于来到了我的“出海口”，留在身后的，是那曾经湍急奔流过的悲喜，还有那荒莽的岁月，荒寂的日夜……眼前浪涛滚滚，无边无际，无从辨识方向，只有内心深处那强烈的呼唤在导引着我，且把生命的狂喜与悲痛，爱与信仰，都投进人生那浩瀚不定的烟波里……

2017.02.27

汲水的母亲

当一条河横亘于生活，与其发生关联是再自然不过的事情；当一条河从生命中流过，它会改变你的容貌、性情，乃至人生的走向。

从家里的水缸到河边，是一段不短的路程。这中间，是一段对水的想象。挑起干净的水，荡湿脚下的浮尘，喂养眼下的日子。

汲水的母亲来到河边，挑起沉沉的负荷，紧促的步子伴随着水和白铁皮桶的撞击声，一步步朝家走去，她抿嘴微笑。担子如此之沉，谁也不知道她因何而笑。这笑意，让郁结不再，让阴霾散去，有了这样的笑，似乎才忍受住了愁困、悲苦和苍凉。

母亲半蹲在河边，低俯着身子，一手将桶往水里一沉，再用力往上一提，水桶在空中划了一道优美的弧线。很快，她将另一只水桶以同样的动作灌满水，整个过程仿佛一气呵成，优美动人。我相信，此时，水中一定映照出母亲年轻的身姿；我相信，一定是在那时候，河水、天、地构成了一个永恒的场景。汲水的母亲和这一切构成了一个整体存在。

而她并没有意识到这一切。她爱每天清晨到河边挑水，这是只属于她一个人的静默的时光。这时候，天色、水声、鸟影、花香……都属于她自己了。她爱这挑水的过程，在一日所有烦琐的事务里，唯独挑水是她独自的，没有人争，没有人抢。她喜欢站在河边，看缓缓的水流从脚下经过，那么轻，那么柔，如同她的心，如同这开启一天的晨光，是干净的、温柔的，让人舒服的。在水中，她看到了自己有些羞怯的倒影，那么年轻、柔美。于是，她开始大胆地看着自己，比从房间的镜子中还仔细地打量自己，在天地之间，在大自然中……

她始终微笑着，水仍流淌着。我看见那水慢慢地漾上她的脸，变成她脸上那深深浅浅的纹路。雾气很快弥漫过来。雾是从山谷、从岩石、从草叶间升起的，也是从水里，从被水打湿的她的手指间升起的。

母亲轻轻地擦了擦眼睛，雾已漫上了她的眼帘。她挑着水，回头看了一眼，然后，快步朝家的方向走去。

桶里荡漾的水声、鸟的叫声、她的脚步声，在隐隐约约的雾里，遥远而又神秘地响着。

2020.03.08

家乡的月亮

席慕蓉说："故乡的歌是一支清远的笛／总在有月亮的晚上响起／故乡的面貌却是一种模糊的怅惘／仿佛雾里的挥手别离／离别后／乡愁是一棵没有年轮的树／永不老去……"

"少年不识愁滋味，爱上层楼。爱上层楼，为赋新词强说愁。而今识尽愁滋味，欲说还休。欲说还休，却道天凉好个秋。"曾经也疑惑年少之人有何愁，可长大了发现，想的事多了，心中常有一种说不清、道不出的愁。每每愁闷不解时，总爱抬头看天。经年行路，发觉自己最不能忘却的，是家乡的那一轮明月。

小时候，家就在小镇上，徐徐江水像一道臂弯绕过镇子，从我家窗下流过。在有月亮的晚上，人的心会沉静下来，少了对黑暗的恐惧。在灯火疏落的年代，月亮更是我们心中的光，有了光，人们就会觉出万物的美好。

假如夜深有雾，月色所及之处，草木、巷道、屋檐、墙垣，都好像渗出微微清亮来，成群飞舞的萤火虫，仿佛是月光中落入凡间的精灵。月光虽然不如太阳明亮、温暖，但若在夏夜，那样的亮光将人轻轻笼罩，好像从发丝到脚尖都能感受到月光的清凉。

走一段路，抬起头来，发现月亮总跟着我们，照着我们。孩童的心中，月亮总是亲切的，就如同为我们提灯引路一样；我们在路上，它在路上；我们在山上，它在山上；我们在江边，它在江中；我们回到家，它正好在家门前。

这种现象，一直是孩童时的我所好奇的。无论我们去到哪，月亮总是跟随着我们，这到底是错觉还是真实呢？长大后方才明白，这既是错觉，也是真实。月亮只有一个，而所有人都认为月亮跟随着自己，这是错觉；但当月亮伴随我们时，我们感觉月亮是唯一的，只为自己照耀，这是真实的。

年岁渐长，更明白，其实每个人心中都有一轮明月，它是独一无二、光明湛然的。家乡的月亮，最是让人难忘，不仅因为年少时印象深刻，更因为它那么无邪、纯洁，那是直指人心的皎洁。

小时候抬头望月，觉得月亮真大真圆，里面影影绰绰的，是有人吧？那都是谁呢？离我们这么远。那是好奇之月，童真之月。王阳明在《蔽月山房》中写道："山近月远觉月小，便道此山大于月。若人有眼大如天，当见山高月更阔。"大致意思是说，当山挡在我和月亮之间时，便会觉得月亮很小，会得出山的体积大于月亮的认识。但如果视野足够开阔，容得下天下，就会认为月亮还是比山大。

宋代理学家邵雍的《清夜吟》是这样写的："月到天心处，风来水面时。一般清意味，料得少人知。"一轮明月升上夜空正中，一池碧水有微风拂过，两种意境，都有着清幽淡雅的意味，但只有敏感细腻的心才能体会，一般人是无法感知的。

成年后，从故乡走出，来到西江边，一次又一次地沿江夜行，在西江之月的清辉中思乡怀人，才分明觉出了，只有带着一份闲心来鉴赏明月，月之清辉才属于自己。

在西江边望月怀远，更多与月有关的诗句从心中升起。张九龄的《西江夜行》："遥夜人何在，澄潭月里行。悠悠天宇旷，切切故乡情。外物寂无扰，中流澹自清。念归林叶换，愁坐露华生。犹有汀洲鹤，宵分乍一鸣。"

彼时，张九龄从西江北上，触景生情，写成此诗。通过对西江月夜细腻、生动的描写，抒发了思乡的感情。其实，何止对故乡的思念，诗中也包括了他对国家深沉的愁思。他希望"外物寂无忧，中流澹自清"，不受身外事物影响，坚持自身清高的品德。从诗中可窥见诗人的精神世界。

何止张九龄，昔日，一拨拨被流放被贬谪的落难文人，来到岭南，徘徊西江边，无不望月寄情，思乡怀人。那时的端州，西江两岸奇峰峻岭，层林密树，山高谷深，时有猿啼鹤唳，迁客骚人身处此境莫不黯然。"孤棹自迟从蹭蹬，乱帆争疾竞浮沉""空阔远看波浪息，楚山安稳过云岑"，唐代诗人李绅调离端州时，他的冤案已平反，心情较为舒畅，不复有初到端州的悲楚心情。

肇庆就是这样一个所在，哪怕再艰难困苦，落魄困窘，来到这样的山水中，身心都会得到安放，都能化解忧愁，都会觅到归处。那一江浩荡，将多少失意的悲苦都涤荡，将多少不快落寞都消弭。而江上那轮明月，清辉照彻，柔和澄澈，不是家乡之月，却能唤起心中的信念，继续未完的路途……

2020.06.06

夜色苍茫

未入夜时，山的轮廓还在天边显现，起起伏伏，高高低低，仿佛是它起落的心事，可是，很快，就那么一小会儿，它就似被巨大的帷幕遮住了，一下子，夜就铺天盖地地涌过来了，世界开始安静下来。

乡村的夜总比城市的夜来得早。在早些时候，还有白白的炊烟，黑乎乎的瓦面上空，焦急的蝙蝠在来回寻找归途。光秃秃的枝丫间，偶尔有一两只鸟儿在扑棱着翅膀，很快又落在巢窝上，渐渐又隐没在渐黑的天色里。

我已经很久没有在乡村的夜色里走一走了，以前，这夜色对我来说是多么熟悉。我可以与群山对望，在夜的轻纱漫笼中，将一些稀薄的心事抖落在风里。趁天还没完全黑透，什么都不想，漫无目的地行走，将身心交付自然，融在这夜制造的安全帷帐里，一任思绪在晚风中飘扬。远离了城市的喧嚣，在沉寂不语的犹如梦幻般的夜里，有几只不知名的小虫在窸窣作响，好似在畅谈着这夜里的一切……

可是，我又怎能忘记那时候的夜色呢？有父亲在身旁，我可以什么都不想，不用担心前面会有什么危险，有什么难事，有什么迈不过去的坎。夜幕之下，我看见父亲那坚毅的侧脸，还有在夜色里一明一灭地闪烁着的红点，父亲拿烟的姿势，熟悉又迷人。我依偎着高大而笔挺的父亲，他就是我可以随时随地倚靠的大山，那么坚实、稳固，我多希望一直这样下去，让父爱的光辉和温暖就这样包围着我一辈子。

难得的周末，父亲骑着单车带我到镇上看戏，看罢，人都散去后，路上人影稀落，偶尔一两辆车倏地一闪而过，夜又忽地笼过来了。父亲用力蹬车，好追上那些一闪而过的车的灯光。可是，那些光亮很快就消失，世界复又归于黑暗。头上，偶有探头探脑的月亮，一会儿走出云层，调皮地露个脸，忽地又躲回去了。借着那微弱的光亮，在苍茫的夜色中，父亲就那样奋力前行，不惧黑暗，不顾路途遥远，载着我一路向前。

那二十多年前的夜色，我至今记得。那时候的天色，远比现在要纯净。那时候的夜，也比现在黑得多，可是不知道为什么，那时候却觉得夜是那么可亲，完全没有恐惧和惊惶。那江上的涛声、汽笛声，那一旁山上的鸟叫和虫鸣，都对一个天真的小女孩表示出了友善和热情。

时光荏苒，一切不复再现。长大后，我离开家乡，求学，工作，很少再回到故乡了。在城市刺眼的霓虹灯下，夜是五光十色的，越来越多的人拥向城市，也有越来越多的人迷失在夜里。夜色沉沉中，有多少人还在彷徨地寻找着归处。

暮色降临之际，是白天与黑夜的交接，这一场天与地盛大的仪式每天都在上演，可是，并不是每个人都能永远看到它，面对它。每个夜色苍茫时分，都有生命诞生或消失。那年，伯父就消失在夜的深处，从此，伯父这个称谓不再出现在我的生命中了。

我清晰地记得，每次他乘着夜色而来，身披一身的雾气，突突的摩托声划破了夜的寂静，明亮的车灯将眼前的黑暗穿透，他背后还带着一身风尘的我。

那时候，我习惯在周末下班后跳上回家的班车，一路从城市到城郊，到山区，再到我们这个边远的山乡小镇，也一路穿过繁华与冷清。上车时天还是亮的，一幕幕熟悉的风景从车窗外一擦而过，白天的喧嚣渐渐收起，暮色慢慢降临。

伯父总是提前到车站等我，骑的是那辆早已破旧不堪的嘉陵摩托，高大的他驾驭着那笨拙的机器，似乎是那么自如、有力。不论刮风还是下雨，酷热还是寒冷，他都在前面为我开路。他拨开黑暗，一路往前，无论山路多么崎岖，他的车都是那样平稳顺当，让人放心。

呵，那个和父亲一样给予我宽大无私的爱的亲人，那个多少次将一身疲惫的我从车站接回灯火明亮的家，一路和我共同面对浓重的黑暗的人，已消逝于无边的夜里，不复再现。于是，我只能在每一次回到家乡时，独自徘徊在乡间的路上，感受夜的温度和气息，回忆那时候的一点一滴……

多年后，我从飞机上，从近万米的高空往外看，酡红的晚霞散布四周，那么壮阔无边，那么让人迷醉，可是，再美丽的景致，最终也会陷入万劫不复的黑暗。想到这里，无边的苍凉便在心底蔓延开来。总觉得暮色时分天边的那抹晚霞，如美人两颊胭脂的一丝绯红，紧随而来的，是一晃而过的流年，如人生中的惊鸿瞥影，而后面的岁月仍是如此漫长。

独立窗前远望，夜色苍茫中，万家灯火一片灿亮，夜雨在此时滴滴答答地落在檐上，手捧一杯袅袅的茶，香气弥散开去，思绪在音乐间飘荡，伴随着飘忽的灯光，读泛黄的旧信，看发黄的老照片，看那些镜头定格的瞬间，就像看一场关于过去的无声电影，里面的人有着隔帘花影般的表情。那些过去了的年月，那些相遇的人和场景，却因为暮色的冲洗而在记忆的底片上愈发清晰起来。时间不会停驻，岁月永远匆匆，照片里的春草年年生发，而人却不知去了哪里，除了时光，没有永恒。

恍惚中，忆起流年碎影中的旧闻故事，如斑驳的墙皮，旧的脱落，新的呈现，总是迷离而模糊。而今在他乡，故人难聚，夜色苍茫中，想到那些沉没于暮色下的人和事，依稀如昨。

2016.11.13

时光中的旧码头

水的潮起潮落，方便了船的停泊，当更多的船停靠在一起，就形成了码头，江河上的码头勾连了江水的前世今生，也抒写着人对生命、对自然的追随……

我的童年时代是在小镇和江边度过的。

比起在小镇的街巷、院子里玩珠子、收糖纸、跳飞机的时光，江边的生活充满奇幻色彩。

清晨，总有女人端着一盆衣服在江边“砰砰砰”地浆洗；傍晚，也有女人端着一盆衣服在江边“砰砰砰”地浆洗。那时候，江上还有竹排，竹排漂过的时候，有的排工会大声地跟江边洗衣服的妇女开玩笑，有的妇女就更加凶悍地骂回去。

江水隔开了两岸，便有了渡船。渡船如同扁担，挑起了河的两岸。从世界史进程来看，文明的兴起、城市的出现都与水有着千丝万缕的联系。水不仅是人类赖以生存的必备条件之一，而且很长时间里还是主要的交通动力。码头是个神奇的地方，从早上开始，熙熙攘攘的人群就预示着这一日繁忙光景的开始。从上游来的货船在这里卸货、交易。上游是山区，船只带来姜母、柚子、煤炭、竹制品、杉木这些山区特有的物品，又在码头带走蚊帐、肥皂、毛巾、牙刷之类的日用品。码头就这样在平淡的日常里，滋生起一种赶墟的气氛，让围观的孩子们兴奋不已。

居住在城里的人们有一种安稳的气质，住在江边的人们有一种洒脱的气质，这样的说法也许是有些依据的。码头附近，居住的多数是船员家属，或是从江上游来做生意的异乡人。一个汇聚了异乡人的区域，连语言都不尽相同。在码头的空地上，江湖艺人正捶胸拍腹，表演各种碎石功夫，再展示他们祖传的跌打膏药的神奇。从外地来的耍猴者，正带着他的猴子展示着奇巧的技艺。摆着棋盘残局的下棋人，正以一包烟的筹码等待对手。还有周边各个乡村过来的贩卖木柴、菜蔬者，甚至有牵牛人，也都从这里经过。

江边的孩子要比城里的孩子野一些，不要说出神入化的游泳技艺，单说他们能从河堤上直接滚下来，就能称为民间滑草高手。那时候，葡萄糖厂建在河的对面，一辆辆拖拉机、大货车装载着满满的木薯片，停靠在码头等待过车渡船。江边的男孩们会从车后面神不知鬼不觉地扯下一片片木薯，然后带回家丢在猪圈里。

在我的记忆里，声音比图像还要清晰。

在黄昏时听到的声音层次是这样的：很多货船在这个时段渐次靠岸，机器声由“轰隆隆”转成“突突突”，我就知道货船行驶速度骤减。接下来，船上的人会高声提示游泳的人或者岸边洗衣服的人注意避让，然后是船员把船头粗重的铁链一圈一圈解开时沉重的“哗啦啦”声，紧接着是铁锚抛进水里时低沉的“咕咚咕咚”声。

在夜晚听到的声音层次是这样的：货船靠岸的时候，先是发出一阵阵有节奏的“突突突”的声音，然后是一声悠扬的长鸣，之后便是沉寂的安宁，但隐隐约约还能听到船员们在聊天。他们的说话声被夜色处理过，再粗声大气也显得寂寞。除了这些声音，还能听到有小渔船趁夜出来捕鱼，木浆划过水面，水声非常温柔，此外还有开向更远处的大轮船那叹息般的汽笛声。

就这样，江水浩荡，江声此起彼伏，夜晚连着清晨，永不停息。

水划过旧码头边陈旧的石头，说陈旧，是缘于水迹的提醒。流水的印迹在石头上呈现出不同的叙述镜像。那种稍浅些的，应该是青灰色的，犹如被流水拍打久了的额头，本来就有青色偏灰的印迹。有些力道的拍打，一寸寸击进石头深处，那些印迹便开始发黄，然后由黄而橙，甚至散发出酸涩的时光气味。那些深藏在骨骼之上的是黧黑色，然而，你看见的却是同石头肌理一般的青冈色。那种浑然一体，会使你停留下来盯着它们看好久。一抬头，夕阳也回到了山后。收回目光，那水波正往旧码头上微微移动，像寸寸莲步，又像一只小猫在缓缓踱步。

父亲年轻时，在家乡的码头边那个镇上最大的饭店里当学徒。那时候家乡水路交通方便，形成绥江中游的一个小商埠，也是一个颇为繁荣的小港口，是渔民维持生计的场所，是周边十里八乡的村民大米、日用品、副食品的供应地以及山货土产的集散地。

这个码头是当时生意做得风生水起的各商号捐资兴建的，并以孙中山先生的名字命名，码头牌楼上镶有花岗岩，阴刻“中山码头”四个苍劲大字。那级级石阶，不知洒下多少挑夫的汗水？经过了多少米和盐巴的运载？同时解决了多少人的生计？又有多少父子、夫妻、兄弟、同学、情侣在此挥手告别，踏上不知福祸的轮船，走向人生的前途？有些人为了生计，在此乘船，踏上漂洋过海、骨肉分离的茫茫路，幸运者经过努力荣归故里，不幸者永远留在异国他乡，只能在梦里回到当初的上船码头。被磨得光滑的青石板，积淀了太多的辛酸与快乐，变得沧桑沉静，日复一日看着滔滔不绝的江水东流，无私地承载着众人的往复……

码头边上有座门楼，码头上去是上街和下街，上下街之间有一条没有铺面的横街。横街通常是农历节日摆卖蔬菜和应节商品的地方。上下街全长三百多米，街面全部为侧砌火砖。首尾设有门楼闸口，晚上有更夫巡夜打更，以防盗贼和火灾。下街闸口外有数家铁器、木器加工作坊；上街闸口外有一块约二三亩的空地，靠河边处有三株古榕树。古榕树树冠很大，一半在河面上，一半在空地上，树荫浓密，中午时分可遮阴蔽日。

码头四周，是那时候人们活动轨迹频密的地方。夏天，江风习习，人们经常三五成群在这里乘凉、闲聊。由于这里地势空旷，是演戏、集会的好地方，经常有江湖游医在此表演武术、耍猴、玩杂耍、卖膏药，每次都吸引大群人观看。在那娱乐贫乏的年代，码头俨然成了展现江边世态风情的画卷。

历史记载，清嘉庆年间，石涧街已经有大小商号七十余家，并建有“公正馆”，这是协调商号之间劳资纠纷，平抑市面物价，维护公平交易，维护当地市面正常贸易秩序的民间组织。

据记载，民国初期，国家倡导兴办实业，广州、佛山等城市民族工业蓬勃发展，顺德的陈村、东莞的石龙等珠江三角洲集镇的手工业也迅速兴起，带动了建筑业和其他行业的发展，很大程度上促进了广宁、怀集两县林业资源的开发，来往船舶和上游放运的竹排日益增多。往来广宁、怀集的商旅与日俱增，从四会港开往怀集、坳仔、古水、东乡的客货班轮彼停此开，未曾中断，前后有源安、联兴、荣记、荣安、大华兴、广太兴、大中源、大华、群力等单行客货轮或拖驳客货轮。

这时期，“得舟楫之利”的家乡，每天有人力撑快艇航行于四会和石涧，当天来回，以解决商号和小贩零担货物运输。快艇不仅载货，也顺搭旅客。当时，运出的货物有青竹、厘竹、竹蔑、香竹、篙竹、木柴、木炭、鸭脚木、白口木（杂木）、盒片（做火柴盒用）等；运回的货物有大米、油、糖、杂货、副食、布匹、国药、学生用纸等。

家乡的码头是竹排和船舶日常生活物资的理想补给港口，各色人等纷纷在此安营扎寨，茶楼酒肆林立。时有乡绅、番滩档老板请省城粤剧团来演出，在榕树仔搭起大戏棚，棚顶加盖葵叶。每逢剧团来演戏，码头上都会提前贴出布告，告知四野八乡的人们。而码头周边茶楼食肆的老板，都会趁机在河边搭起一排临时摊档，供应云吞、粥品、包子、油条等夜宵，专营零食的商贩更是提前组织时令果品，整个码头更显热闹、繁荣。

在我童年快要结束时，家乡的码头已显示出衰落之势，曾经客商货物云集，南来北往的人们熙熙攘攘，客栈里行旅不断，渐渐已不是旧日风光模样。沿街的商铺，那些米业、杂货、纸扎、理发、中药铺、铁铺……都已人声稀落。父亲曾工作过的大饭店，也是门可罗雀，只剩一个老头在看管着这曾经辉煌的镇上第一楼。如今，我还记得，这座第一楼出品的核桃酥入口即化，酥而不腻。

码头的日渐式微似乎是历史的必然。伴随四通八达的公路网络兴起，当水路交通不再成为人们唯一的选择，码头注定只是历史长河中的匆匆过客。但几经春秋变换，过去的一切并没有完全随风而去，繁华尽处的码头往事不应被忘却。

潮起潮落时，笑我少年事；风景依旧在，不见旧人行。家乡的码头已如年纪渐长的父亲，不复青春的容颜。我童年生活的江边小镇，亦在经济大潮中跟不上脚步而旁落了。如今的码头，只存在于一些人的记忆里了，一拨又一拨的年轻人走向大城市，不再回来。今天的码头已寻不到当年的舟船，没有了船来人往的喧嚣与嘈杂，但久经沧桑的码头始终是很多人心里抹不去的美好回忆，码头上流传的时光成为后世人们茶余饭后的不绝谈资，这一份情结依稀留存着人们对旧码头深深的眷恋。

2019.12.21

江河人生

我发现，江河一直不动声色地影响着我的人生轮廓。

站在它面前，走在它荡漾的波光里，我呼吸着它的秘密清香，在远离它的时候，一次次让它在心里流淌、波动、环绕……

那年，因家里无力支持我继续深造，我背着简单的行囊，心怀迷茫与希冀，沿着与西江交汇的绥江前进，来到了珠江，在那里的一家工厂打工谋生。

江水一直离我这么近，就在身边，哪怕在珠三角的生产流水线上，我总隐约觉得，有某些东西在冥冥中召唤着我，要努力挣脱眼前的困境。因此，日复一日的单调和重复，消磨斗志的日夜加班，并没使我放弃，我更希望能通过读书、写作走一条属于自己的路。于是，我离开了珠江边上那家小小的工厂，来到了西江边，在老乡的介绍下进入一所学校当合同工。学校里的工作仍然是繁忙的，但好在有近在咫尺的图书馆和便利的生活环境。于是，在西江浪涛的日夜拍打声中，在每天的忙碌过后，我在青灯黄卷中继续着我的文学梦。

这是西江边上的一座城市，相较于与珠江的短暂相处，我有了更多的时间去认识西江，感受西江。这是一条远比绥江要生动、大气、丰富、博大的河流。

这条古老的河流，曾走过沉思的先哲古圣，波光潋滟里收藏着那渐去渐远的行人的背影。我从河流的动与静、激荡与沉稳中，接受着河流动人的自然美学。

“年深外境犹吾境，日久他乡即故乡。”我来到肇庆若干年后，西江羚羊峡古栈道森林公园获批建设。那时我特别喜欢去的地方就是西江羚羊峡口。这是千里西江的最后一个峡谷，冲出羚羊峡，前路就再无大山遮挡，也就去到了广阔的珠江三角洲。这里有宽阔的江面、洁净的空气、满目的苍翠、古老的栈道、逶迤的陆路，也是古时人们交通往来的重要通道。这里笛声阵阵、江涛拍岸、清风拂面，这里虽没有故乡河流的清婉秀美，但大气与磅礴同样让人沉醉。

在岗位上日夜忙碌，生活的压力无形中更是给人以紧张、压抑之感。2015 年，西江羚羊峡古栈道森林公园即将动工，古老的栈道将焕发新颜，此时，我的朋友林也到了德国的多瑙河畔。我能不能也像古老的西江羚羊峡那样焕发新的生机？那时我有一个机会到肇庆的德庆县，林听说后鼓励我说："去吧，悦城龙母会保佑你，今天你力争上游，逆流而上，当以后顺流而下时，你就能找到你的归宿，像我一样。"于是，我去了陌生的德庆。那是西江边上的一个古郡，清凉安静，文气蔚盛，民风淳朴。离开了城市，我得以走进广阔的田野、原生态的乡村、清净的山水，我浮躁不安的心也慢慢安放下来，人也仿佛得以重生。

西江德庆段之上就是贺江了，它是西江的重要支流。我和朋友们第一次到贺江游玩的时候，贺江的水并不干净，环境也不美。后来政府打造"省际廊道"，治理贺江。我第二次去的时候，贺江变美了，变清了，以路为廊、以水为链，带动"美丽乡村示范带"建设，一幅田园牧歌式的乡村图景让人流连忘返。

如今，经过治理，引以为豪的"天然大氧吧"、迷人的"肇庆蓝"重回肇庆人的生活，"水畅、河清、岸绿"的城市水景观已成为肇庆闪亮的城市名片。

江河尚能如此，人生为何不能如此？去年，经过努力，我重新回到了肇庆市区，安家在西江畔，并继续我的写作梦想。我知道我的血液里、性情里，已蕴含西江的质朴与宽容，西江流淌在我的身边，也流淌在我的血液里。

2020.09.06

记忆的河湾

河湾呈“S”形。春湾河从上游流下来，以半包围的形式围住北岸河滩拐下来，到了废弃的砖厂，又以半葫芦形式包住南岸河滩，再往东直流而去。河湾分为上河湾和下河湾，河水轻缓，在交接的地方有裸露的河床，露出黄白相间的鹅卵石，水流清澈，发出激越的“咚咚”声。

河的两岸，有矮矮的人为修筑的河堤。北岸的河堤上长满了芒草、白茅、马缨丹、覆盆子、野葛、火炭母、艾草、山苍子、地捻，还有好几十株高大粗壮的油桐树等树木。乌桕也有三两棵，并不算高大，但长得挺拔旺盛，可长了没几年，就被人砍了，许是用来做了家具或是有别的什么用途。

河堤上不多的河滩地，被人们开垦后，划分开各自的范围，大大小小的一块块，并不成比例，也算是最大限度地利用了这块肥沃的滩涂。勤劳的人们种上了白菜、葱、辣椒、油麦菜、芥兰，有的还种上几行烟叶、豆类、薯类。河堤两侧，则长出了一丛丛的草珠子、芒花、芦苇，郁郁葱葱，迎风摇曳。未开垦的河滩地上绿草依依，牛筋草和地锦铺得厚厚的。临近水的淤泥地上，生长着红缪、水浮莲、野苋菜、野芋等。

春分之后，杨柳泛青，桃李吐蕊，红花油茶开花。河堤上有很多艾草，拾艾是我们那里的传统。小孩子提个小篮子，在大人前面蹦蹦跳跳，去田间地头、河堤上俯身拾艾。一丛丛毛茸茸的艾草，开着小小的白花，还在早春的寒风细雨中缩身匍匐在地上。捡拾回来的艾草，清洗掉泥块，剁碎揉进糯米粉，加碎花生、白糖为馅，搓成团子，清甜绵软，糯香浓郁，青青绿绿的艾糍，调中益气，去湿暖胃，是家乡人迎春的第一道点心。

小生灵也来凑热闹了。翠鸟俗称钓鱼郎，它灵敏的身姿经常可见，但要捕获它却是有难度的。斑鸠则是春季河滩上最多的鸟，往往人还没走近，就听到一阵鸟的鸣叫，“咕咕咕，咕咕咕”，再仔细一听，真的是淘气的野斑鸠在叫，这个叫声听久了，让人觉得舒缓而辽远。

我们那里有时候叫斑鸠“傻老斑”，总觉得这种鸟过于温顺，看起来还有点迷糊。它们总是成群结队地出现，也有单独的，但飞得不高。这些年，人们知道这种鸟的营养价值高，捕捉者越来越多，其数量也没以前多了。

以前老误以为灰鸽是斑鸠，其实认真看了，才知道它们是有区别的。斑鸠的头小于鸽子，颈短于鸽子。没有人类给斑鸠做精制的窝舍，也没有能发出声响的鸽哨，但斑鸠依然坚守着自己的领地与领空，生生不息。斑鸠的家十分常见，多安在水边的某棵树上，那小小的鸟巢里有配偶，有下一代。

我曾目睹过一只杂毛秃鹫对斑鸠一家的捕害。趁雄斑鸠不在，杂毛秃鹫偷偷来袭，想要把这窝斑鸠吃掉。雌斑鸠猛然发觉，为保护儿女，不顾自己安危，拼命反击，啄杀。怎奈尽管它不断地挣扎，还是体弱难支，渐渐不敌，直到身亡。它那殷红的血从树杈上滴下，又把树底下的土壤洇湿。那得意扬扬的秃鹫吃掉雌斑鸠及其儿女后，张张嘴，扑棱扑棱翅膀，乐滋滋地展翅而去……可以想象，雄斑鸠外出觅食回来，看到眼前血淋淋的一幕，该是多么伤心呀！

弱肉强食的悲剧，自然界每天都在上演，但幼小的我也似乎理解了：没有谁能替你坚强，为了生存，自己必须要强大起来。

河滩与河堤上，还有许多体型较小的鸟类。大多数情况下，它们并不啼叫，除了雉鸡、鹧鸪、布谷鸟、伯劳。到中午时分，河湾上只听见水冲刷鹅卵石溅起的不知疲倦的哗哗声。

对于许多生灵而言，植物是最大的恩赐。它们在草丛里找食昆虫、草籽，唱歌、嬉戏。而那时候的我，最喜欢去河湾的草丛中摘取一种现在已不多见的草珠子。

草珠子外观很像玉米，高一米左右，顶端开花复结果。这种特殊的禾本科作物栽培历史悠久，在我的记忆中，它仿佛生来就在那里，自顾自地生长，好像从来没有人去理会它。我们仰着头，捋着叶梗上的草珠子，一颗颗，如珍似宝般收进口袋。微风吹来，叶子沙沙作响，无人的午后，满满一袋子的草珠子带给一个乡村少年的满足与快意，至今我仍记得。草珠子很硬，有些是圆的，有些则是扁的，一般是黑色或黑灰色，也有白色或黄色的。草珠子中间有天然的孔道，我们那时候多用来串成手链、项链，或是放在玻璃瓶子里做装饰用。

那时候的河湾有不少的鱼、水虾、河蟹、黄鳝、生鱼、塘虱、泥鳅。惊蛰一到，日间布谷鸟啼叫，夜间虫声唧唧。雨水渐多，江河第一次涨水时，野生鱼类黄尾、鲫鱼和鲤鱼逆水上游嬉戏追逐产卵，但现在的河湾已经鲜有大鱼。

河湾旁有棵大榕树，繁茂粗壮的枝干，像一顶张开的巨大绿伞，护荫着一方水土。榕树下的浅缓水域，是孩子们游泳的天堂。

蝶飞蜂嗡，蛙鼓蝉歌。梅子黄绿，进入雨季。蜻蜓和豆娘，在田野曼舞，它们浅浅地点着河面，欲停欲飞。它们是飘飞的舞者，在河面上表演空中霓裳舞。红色的蜻蜓最瞩目，它穿的衣服透明而华美，闪着秋水一样的细腰，轻飞曼舞，水袖凌空，眸眼如黑色的明珠闪烁着晶光。

雨先是将远处的山头下白了，然后才从山边斜飘过来，像是一道白色的帘。凫水的孩子露出水面一瞧，大呼“下雨啦，快回家收谷啦”，然后忙不迭地攀上榕树，取下衣服，急急忙忙往家里跑去。鱼在河面蹦跳，“吧嗒吧嗒”，溅起低低的水花。河滩地上的地锦，缀满莹白的水珠，闪烁着银光。雨势渐小，河水没膝，小翠鸟突然出现在河面上，低低掠过，像一道闪电，神秘而飘忽，然而，这孤独的鸟儿藏得很深。当它看见水中的鱼类，便毫不犹豫地一头扎入水中，冷不丁地，小鱼小虾便成了它的猎物。

在河湾，猫面鹰虽也偶有露面，但斑鸠却日日可见。夕阳坠落山梁，脉脉余晖照射着远处的田野、河水。永不停歇的河水缓缓东去，没入林子。突然，几十只、上百只的斑鸠“呼啦啦”从树梢掠起，飞过村子，消失在山林里。

这是生我养我的河湾，百看不厌的河湾。无论走得多远，我都走不出故乡这小小的河湾。累了，倦了，我总要回去走走。河面并不开阔，河水也不深，但清澈，动物们都爱在这里停留，安家。

还有许多生灵，我都不认得，只会一些简单的称呼：鲮、鳙、鲢、鲩、鳝、鳗、鳟、鲶、桂花、蓝刀……更多的鸟，啄木鸟、老鹰、乌鸦、画眉、喜鹊、白头翁、麻雀、鹩哥、燕子、白鹤、白鹭、杜鹃……我相信，它们都是在的。

河水轻吟，我站在河滩上，听到羽翅在颤动，我确信那不是风的声音，只有静下心来的人才能听到。那清脆无比的声音，荡漾在我的心田，一下子清空了所有的焦虑和浮躁，霎时，我被感动得无以名状。

2020.01.12

顺流而下的祖先

小时候，我并不知道绥江之外还有那么多的江河，我以为眼前这条温婉秀丽的河，就能承载我全部的情感和故事。直至我来到了西江边，感受到这条穿越万千重山，一往无前，气势磅礴的大江，方才认识到这世界的宽广和纷繁。

为什么会来到这座西江边上的城市？我也不知道。我的很多同学，他们一毕业就奔向广州、深圳这些繁华大都市，汇进茫茫人潮中，选择那滚烫的人生。而我却好像一开始就决定在西江边上的这座城市生根落地，从逐梦青年到奋斗中年，在安静平凡的日子里描绘自己的一份诗情画意和江河浩荡。

凡是有江河的城市，注定是人们追逐的地方，人类仿佛有依赖水的天性。很多年前，外婆给我算了一卦，说我要在有水的地方生活，方得安适。但未曾想到的是，为了在一方水土上立足，我和许多人一样，同样经历着漫长的挣扎和打拼。就如同这条绕城而过的大江，水流有时缓和，有时汹涌激越。

肇庆人喜欢水，单看城里潋滟湖泊、淼淼水韵、“山湖城江”的典型山水城市格局，便能看出肇庆以水为脉、以人为魂的历史文脉。

一条大江绕城而过，带来了聚落、民族、文化。人们逐水而居，也学会了对水的利用和改造。千百年来，为了谋生，人们迁徙至西江边，垦荒拓地，营建祖祖辈辈的家园。如今行走在西江河畔，看两岸高楼林立，车流滚滚，看聚居在岸边的居民，还有那些繁华的小镇和县城，很容易忘记这片“蛮夷之地”已有两千多年的文明。整个西江流域，从古到今，就是多种形态、多个种族、多种文化交流碰撞的地方，深厚而丰富的文明，给西江带来了生生不息的希望和美好向往。

一个人和一座城市的关系，刚开始是命运，接着更多的是情感。是冥冥中的安排，让我来到了肇庆，走出了山区，来到这比我的父辈生活的地方更为开阔精彩的所在。西江边上的这座城市，带给我的是更多的生命体验与感悟。

这是一个因水而变得灵动的家园。千百年来，西江一直滋养着肇庆人民，见证着这座城市的兴起和一代代肇庆人的蜕变。我在游船上拥抱西江吹出的清风，已听不到几十年前惊涛与纤夫的呼号。

在一个地方待久了，河流已经不知不觉变成了我身体和血脉的一部分，我的眼神里有它的波光，口音里有它的水声。跟随西江的脚步，我看见先民抗洪御敌遗留下的古城墙、遮风挡雨又古朴美观的骑楼，还有经人力筑就的城市之眼——星湖，穿越曲径通幽的城中碧道，我在西江畔的古村落里聆听历史的足音。山的巍峨与平原的平旷在此处融合，风物闲美诗意润泽，开阔而富足。跟着西江的脚步去探寻，我慢慢理解了一条江以及它所带来的一切。

这条从远方苍茫群山中走来的大江，它的身世和阅历，怎不让我感到无限的神秘呢？无数次，驻足岸上，面对面前的滚滚江水，我都会生发出有朝一日要到它的源头去看看的想法。

这条浩荡的长河，曾经是哪一眼泉的低语？是哪一条溪的笑声？是哪一座山头的云雾？是哪一朵花上的泪滴？是哪一棵草上的露珠？又是从山里哪户人家屋檐上滴下的雨滴？

每一条河流，都是有故事的，河流流经的地方，更是我永远不知道的土地和群山的历史和秘密，更是从遥远的地方汇聚、奔涌而来的无尽的情感和往事啊。是的，我是河流的子孙，是山地的后裔，河与山，起伏于我的身体，蜿蜒成我的语言，即使把海洋一样辽阔的稿纸铺展在我的面前，我也只能在上面写上我对河的记忆、对山的印象。

我的祖先，从顺流而下起，就将一种特定的语境、语法、语调和语感，铭刻在我的骨子里，就注定了我只能以江河的语言与自己交谈，与相遇的一切交谈。时间是奔腾的河流，河里是奔腾的时间。时间携带着一切向远方流动，把曾经存在过的一切不停地带进新的空间。今天，当我来到西江边的城市生存、立足，我明白原来我的祖先在上游经历过的事情不曾消失，它只是被时间转移到了另外的空间。

“君子见大水必观焉。”千年前，儒圣孔子就这样吁请人们。水中有大美，水中藏大智，水中蕴大道。观大江辨大流向，观大江生大情怀。我将穷尽这一生，在西江边上，好好品读这一条生命的河流……

2020.12.5

后 记

一条大河波浪宽

终于完成了书稿。我将年初搬回肇庆时舍不得丢弃的在德庆工作五年的一摞工作记录本，一本本、一页页地重新翻阅，竟占去了我一上午的时光。这些密密麻麻的文字，真实地留下了这几年我在基层奔走的痕迹，采访、会议、活动、调研，哪怕是只言片语，都那么真切地记在纸上，尤其是一些思想的碎片、灵感的闪烁、灵魂的轻语。

我记得，开始时是在 2019 年 3 月，我去采访德庆渔政大队。在那间小小的办公室里，我看到了一个基层的职能部门快要被合并前工作人员的尴尬，以及轻烟缭绕中执法人员的若有所思，还有屋子里的获奖证书、墙上裱挂的西江流域水系图……就是从这个小小的渔政大队开始，我逐步接触到了渔民、船员、航道员、海事执法人员、航运公司老板……

我在西江边上的这座城市已经生活十几年了，但只有当我走近它，了解它的前世今生、它的丰富和困境、哀婉和叹息，才算是真正地了解了这条大江。有超过五年的时间，我每周坐着班车，从肇庆城区前往山区小城德庆。开始时，周遭的一切都很陌生，前路茫茫，伴随我的还有路上的颠簸不平和孤单落寞。我看向车窗外那条伴随我的大江，它是那样宽阔，白昼黑夜，寒来暑往，不止不息，它一直在那里流淌。人是多么奇妙，多么沉重的心事都能消融在浩渺的水波里。

在小城的时光里，到西江边去，自然成了我日常生活里不可或缺的一部分。清晨，我从租住地跑步上德城大堤，朦胧的晨雾里，有我熟悉的跑友、卖菜的小老板，还有堤下的竹篙粉店等早餐档以及迎面而来和我打招呼的人……待雾气散去，我已经到了古老的端溪桥畔。这时候，红彤彤的太阳正从东边升起，朝霞映照在前方白沙山的三元塔上，金色的光芒铺洒在江面上，舟楫往来，笛声阵阵，小城又开始了一天的忙碌。夜晚，我到江堤上漫步，吹吹江风，喝喝新榨的蔗汁，是小城闲适生活的一部分，在这里，有我经常光顾的卖特产的老店，还有一同散步的好友……长长的西江岸线上，有航道站、海事处、渔政队的工作艇，从那或长或短的船笛声里，我似乎能听出一些不一样来，这些，都是为了写作这本“西江专题集”沿江走访时所获知的。这本书历经近两年的时间终于得以完结，再翻阅目录和内页，我才发现，西江赋予我的原是那么多！

从写《守河者》开始，我在德庆渔政大队的帮助下，访问了渔村、渔民，以及航道站、海事处、港航管理人员。从2016年开始，我就已经无意识地写到了一些关于西江的文章，例如《乡宴》《悲悯的河流》《西江帆影》等。于我而言，将近两年的采访写作，我在总体理解、表现西江的前世今生与未来的同时，发现和领略了一个近在身边的隐秘的“水世界”。因为采访之便，我才得以深入地去了解一些群体，一些人的职业、岗位和背后很多不为外界所知的故事。尤记得，在德庆回龙绿水村采访渔民时，渔民们眼中的迷茫和淡漠，年轻一辈已经不再回来，若干年后，打鱼也许成为绝唱，这样的空心村，也许还有很多。我更记得一个濒临破产的船务公司老板对我讲述个人经历与困境时的激动与无奈……但无论怎样，仍然有人坚守在西江边，对这条生之育之的河流不离不弃，并且以朴素的情怀，去守护、爱护这条江，这也是我写这本书的出发点之一。

全书完结时，我细数了目录上的篇目，方才发现，我在德庆时写下的篇幅超过全书的三分之一。尤其是“西江怀古”这辑里，古驿道、古渡口、三洲岩、三元塔、龙母庙、德庆孔庙、金林墟、香园……这些都是我对自己走读过的这方水土的记录，这些文字，正如我在诗集《寂静的时刻》“后记”中所说的：“这些都是我远离都市，走进广阔的田野、原生态的乡村、淳朴的山水，在清凉的西江畔行走、生活、观察和思考，或独自面对时空时写下的……都不可避免地染上了此地的风情，也是我人生阶段性的记录。”

时代需要忠实的记录者。因为写西江，我走近了西江，走进了西江的现实风景，也走进了西江的历史脉络。西江是自然之江、生态之江、人文之江，也是历史之江、故事之江。它是那样的丰富和博大，以至于我觉得短短的几篇只能是以点带面地勾勒出西江的精彩与繁复。

2019 年初，当决定写西江这个专题时，我就知道这是一个不易入手的题目。它太悠久，太博大，太丰富了，从哪些方面入手，怎样落笔，都要认真思考。而当我在向着这个目标进发时，才发现，身边一些多年的好友从事的职业就是与西江息息相关的，这让我的采访和资料收集工作畅顺很多。更让我感动的是，一些人知道我要写西江，拿出了多年的私家珍藏，对我寄以希望，让我备受鼓舞。一年多来，我访渔村，问疍家，上航船，走西江，极大地丰富了见识，更从一个个“守河者”身上得到很好的精神激励。更多认识或不认识的朋友，为了我的目标的达成，向我伸出热情之手，使我深深感动。他们是西江航道局封开航标测绘所、德庆航道站、德庆县图书馆、肇庆市水利局（河长办）、广东省西江航道事务中心、珠江水产研究所、广东省航道局、肇庆市博物馆、肇庆市图书馆、肇庆学院图书馆、德庆县委党史研究室、肇庆市文化馆（非物质文化保护中心）、肇庆市文广旅体局（文物科）、德庆海事处、肇庆市海事局、肇庆市环保局、德庆县环保局、德庆县政协文史科、肇庆市政协人资环与文史委、肇庆市党史研究室（肇庆市地方志办）、肇庆市档案馆、德庆县港航管理所、肇庆市润庆航运公司、肇庆市交通运输局、肇庆市农业农村局、肇庆市船舶行业协会、肇庆名城与旅游发展研究会……还有很多难以一一道出姓名的朋友，他们对我的大力协助，都让我对西江的写作得以具备“天时地利人和”的条件，衷心感谢！我要感谢刘晓敏老师特意为本书所绘的西江风情画，使本书增色不少。我还要感谢我的先生，如果没有他对西江专题散文集的提议，以及写作过程中的建议，就不会有这本书的面世，也不会有我写作的突破。

人类文明的叙事总是从江河开始。人类文明，就是江河滋养的文明。江河的意义，也是居住在这个蔚蓝色星球的人类所赋予的。以一条河为主角的文学作品有很多，如何写出精神内核、审美气韵、文化特性、时代感、历史感，以及河与人之间千丝万缕的联系，这是我要着力的。这本书也是我写作以来最感困难的一次，虽然主题集中，但线多面多，如何抓住主线，突出重点，详略得当，如何成为具有可读性，鲜明、生动、丰富的文本，这是我要努力的。本书之所以取名《守河者》，除了以书中的同名文章提纲挈领，还因为人才是西江上最鲜活、最具故事性的一笔。另外，本书还抓住了一个“守”字，那是对历史西江的守成，对现实西江的守护，以及对未来西江的守望。

我忽然想起为什么外婆说我要去有水的地方才得安适。绥江是生养我的河流，我当然是从那里出发的。但西江，我与她的关联，也不是工作之故来了肇庆才产生联系。如果没有记错，我在六七岁时，曾和跑外贸的父亲，乘着夜色，搭上一辆满载山货的车，沿着崎岖的山路，来到了西江边。在卸货时，我看见夜幕下宽阔的江面上船灯烁动，渔火点点，夜风吹来的是不同于家乡河流的气息，那是更为阔大的场域，更繁闹的景象。是从那时候起就让我对这条夜幕下的大江产生神秘的向往，还是冥冥中有何指向，真是不得而知。

将近两年来，我牺牲了很多周末休息的时间，来进行这本书的写作。这当中，克服了工作与写作之间的矛盾，殊为不易，个中艰辛，只有自己才有更深的体会。

写作期间，我真切地感受到自己生活的这方土地所产生的日新月异的可喜的变化。尤其是近年来，越来越多的人发自内心地去守护好自己的家园。我知道，我的这本小书，当然未能为西江的守河者一一画像，如肇庆市的一群群可爱的美丽中国建设志愿服务队、西江水质监测的“保护神”（环保局和水务局人员）、托起生命之舟的水上救援大队……这是我最大的遗憾。作为第一次专题写作，我所做的，也许仅仅是“抛砖引玉”，期待能引起更多的人对我们身边的江河的关注与爱护。

最后，我要特别感谢王兆胜老师、林岗老师、芮东莉老师的支持与推荐，这给予我莫大的鼓励。我何其有幸，能在身体条件允许、精神力量能支撑的年纪里，在各方助力下，写了西江这个题目。西江是一本写不尽的书，如同无尽的江流。我愿意继续去书写日后发生在这条大江大河里的新故事。

本书在写作过程中参考了不少书籍与文章，鉴于散文集的体例，没有一一注释，特此说明。在编辑过程中，出版社的编辑老师和徐方方老师付出了不少辛劳，特此谢过。

是为后记。

庚子深秋于北岭山下家中